KB097052

약국이 바뀌면
지역 의료가 변한다

약국이 바뀌면
지역 의료가 변한다

하자마 겐지 지음   윤수정 옮김   나현오·김신애 감수

생각비행

3년 전, 지역을 기반으로 한 방문약사의 활동을 연구하기 위해 일본을 견학하러 갔을 때 처음으로 저자인 하자마 겐지 선생님을 만났습니다. 일본이 세계적으로 널리 알려질 정도로 노인 요양을 위한 다양한 프로그램을 운영하고 있다는 소식을 접하고 견학할 곳을 알아보던 중이었습니다. 그때 일본재택약학회 회장이며 의사인 하자마 선생님으로부터 요양병원과 요양원, 재택 환자를 방문하는 약사 활동을 모두 보여줄 수 있다는 답신을 받았을 때 굉장히 기쁘면서도 놀라움이 앞섰습니다.

낯선 사람들에게 넉넉히 베푸는 선생님의 친절에 대한 감동과 아울러 의사 신분에 대한 의아심, 그리고 일본재택약학회 회장이므로 그 분야의 실제적인 활동에 대한 다양한 정보도 얻을 수 있을 것이라는 기대감 등을 안고 방문하였습니다.

6명의 약사로 구성된 견학 일행이 일본에 도착했을 때, 우리는 상상 이상의 환대를 받았습니다. 전용 차량과 일정을 안내하는 분을 배정하여 방문약사의 활동을 실시간으로 볼 수 있게 배려해 주었습니다. 처음부터 방문약사의 동선을 촘촘히 따라다닐 수 있도록 모든 프로그램을 계획하고 지휘한 주인공 역시 하자마 선생님이었습니다. 그는 180병상 규모의 병원을 운영하면서, 고령임에도 왕성하게 활동하시는 약사 어머니께서 회장으로 있는 체인약국을 맡아서 경영하고 있었습니다. 그래서 견학 일행과의 첫 만남은 오전 진료가 끝난 뒤에 이루어졌습니다.

하자마 선생님은 일본의 재택의료와 재택방문약사 활동을 소개하면서 긴 시간 우리의 질문에 성실히 대답해 주었고, 우리는 그분의 열정과 아낌없는 나눔에 깊은 감동을 받았습니다. 우리나라에서도 이러한 활동을 시작해야 한다는 강한 의욕을 갖게 하기에 충분했습니다. 3년이 지난 지금도 그때의 감동과 벅참이 그대로 느껴집니다.

《약국이 바뀌면 지역 의료가 변한다》는 견학 일정을 모두 마치고 돌아가는 길에 받은 하자마 선생님의 선물입니다. 책을 건네며 선생님은 그동안 느끼고 품었던 생각과 노력의 결과물이니 한국에서 활동할 때 조금이라도 도움이 되면 좋겠다는 말씀을 하셨습니다. 저는 짧은 일정 동안 받은 감동과 놀라움, 벅참까지 책에 고스란히 담겼다는 생각이 들었습니다. 그래서 이 책을 통해 한국의 약사들에게 당시의 느낌을 전하고 싶었습니다.

일본은 이미 초고령사회로 진입한 상황이고 우리도 빠르게 따라가고 있습니다. 우리나라에서도 방문의료 및 방문약사 활동에 대해 사회적 필요성을 전망하는 분이 많습니다. 또한 의약분업과 의사, 약사의 역할과 관련하여 현재 일본의 상황에 많은 부분 공감할 수 있습니다. 약학 교육 6년제 전환과 이후의 상황에 대해서도 이 책을 통해 함께 고민하고 노력할 수 있는 부분이 많이 있다고 생각합니다. 다만 표현에 있어서 다소 강한 느낌을 받거나 부분적인 면이 강조되었다고 여길 수 있지만, 약학계 이외의 신분으로 약학계를 바라보는 솔직한 마음과 애정이 담겨 있음을 느낄 수 있었습니다.

부디 이 책이 현재 보건의료 환경 및 자기 자신을 돌아보고, 새로운 역할을 찾아 도전하는 데 도움이 되기를 기원합니다. 각자의 고민과 노력 안에서 환자뿐 아니라 보건의료인 서로가 보듬어 주고 인정해 주는 격려의 문화가 피어나기를 소망합니다.

늘 방문약사 활동에 함께해 주신 서동철 교수님과 히라타 약사님께 특별히 감사를 드립니다. 그리고 변함없이 역동적으로 방문약료사업을 이끌고 계시는 경기도약사회 박영달 회장님과 안화영 부회장님, 권태식 이사님, 부천시약사회 윤선희 회장님과 방문약료사업에 참여하는 모든 약사님들께 감사와 응원의 박수를 드립니다.

나현오(가톨릭대학교 약학대학 교수)

약사란 '뭘 하는 사람'일까요?

약사도 아닌 제가 이러한 고민을 하기 시작한 것은 2002년경이 었습니다. 어머니가 운영하는 하자마약국에서 한 달에 두 번 공부 모임을 하면서, 약국과 약사의 모습을 보며 어쩐지 마음이 개운치 않았습니다.

외과의사에서 약국 경영자로 생각도 못한 변신을 한 뒤 많은 과 제가 닥쳐왔고, 인생에서도 여러 가지 변화를 겪었습니다. 그중에 서도 가장 큰 변화는, 많은 약사에게 제 생각을 전할 수 있는 기회 가 생긴 것입니다.

우리 약국 약사에게 이야기한 내용을 다른 약국 공부 모임에서 이야기하게 되었고, 그러다가 지역 약사회와 학회, 대학 등에서 강 연과 강의 의뢰를 받게 되었습니다. 또한 온갖 약학계 미디어의 취 재와 집필 등을 통해서도 제 생각을 전하는 일이 늘었습니다.

그러면서 "덕분에 깨달았다." "머릿속이 개운해졌다." 같은 말을 듣기도 하고 "그건 아닌 것 같다." "그런 일은 어려울 거라 생각한다." 같은 의견도 많이 들었습니다.

약국, 병원, 대학, 행정 등 서로 다른 입장에 선 약사들을 만났습니다. 젊은 층부터 숙련자까지 모든 세대와 두루 나눈 이야기와 체험은 의사로서 일하는 데도 여러 가지 실마리를 주었습니다. 제약회사와 미디어, 약국 운영자들과 한 이야기도, 모두 많은 공부가 되었습니다.

《약사가 바뀌면 지역 의료가 변한다》에서 저는 여러 생각을 기술했는데, 그 내용은 독백이 아닙니다. 많은 약사와 의료업계 종사자들과 교류하며 나눈 대화를 토대로 완성한 결과입니다.

만약 약사와 의료의 미래에 대해 고민한다면, 부디 '납득이 갈 때까지 변화'한 저를 디딤돌로 삼아, 지금 제가 느끼는 '개운함'을 공유해 주시면 좋겠습니다.

차례

PART 3

약사에게 요구되는 건 환자와
약물치료를 함께 해나가는 일이다

PART 4

혁신에 필요한 것을 이해한다

PART
1

현재 의료의 문제점과
초고령사회를 대비한 과제

프롤로그를
대신해

1

의료인으로서 나의 근간

최첨단 의료를 임상에서 배운다

저는 1989년 4월에 오사카대학 의학부에 입학했습니다. 아직 버블경제의 흔적이 희미하게 남아 있을 때였지요. 의학부는 호텔 라운지에서 미팅을 했고 운동부가 주최하는 댄스파티는 상당한 돈을 모으기도 했으니 제법 화려한 분위기였습니다. 의학부 강의 중에는 고리타분한 내용도 있었지만, 고도 성장기를 거쳐 풍요로워진 일본에서 앞으로 급성기急性期 의료가 발전하여 지금까지 구하지 못했던 환자를 최신·최고 기술로 구할 수 있다는 포부와 박력을 느꼈습니다.

1994년 오사카대학 의학부 부속병원은 나카노시마 지구에서 스이타 지구로 이전했습니다. 스이타는 오사카시의 중심으로 초록이

우거졌고, 이 병원의 원류가 되는 '데키주쿠'*와도 가까운 곳입니다. 일본에서 손꼽히는 인텔리전트 병원을 만들어 이전하는 빅 이벤트는 텔레비전에 방송이 될 정도로 세간의 이목을 모았습니다.

저는 마침 5학년이어서 병원 실습을 나가야 했습니다. 덕분에 나카노시마의 전통 있는 병원과 스이타의 최신예 병원 양쪽에서 임상 실습을 할 수 있었습니다. 스이타 병원에 첫발을 들였을 때의 감격은 나카노시마 병원에 대한 향수를 순식간에 날려 버릴 만큼 강렬했습니다. 병원은 밝고 복도도 넓었습니다. 옥상에는 헬리포트를 갖추고 있어 가까운 시일 내에 찾아올 게 분명한 뇌사자 장기이식을 준비하는 듯했습니다.

듣고 상상했던 것보다 훨씬 고된 날들

그런 병원에서 실습을 받고 졸업 후에 제1외과학 교실을 선택했습니다. 심장외과, 흉부외과, 소화기외과에 더해 소아외과도 폭 넓게 경험할 수 있는 곳이었습니다. '뭐든지 할 수 있게 실력을 갖추고 싶다' '내 틀을 넓히고 싶다'는 마음에 작정하고 뛰어들었지요. 그런데 과정은 상상보다 훨씬 고된 시간이었습니다.

● 1838년 오카타 고안이 설립하여 네덜란드 학문을 가르치던 곳으로 후쿠자와 유키치, 오무라 마스지로 등을 배출하였으며, 후에 오사카 대학과 게이오 대학에 흡수되었다.

1996년 4월에 국가시험 결과 발표가 나고 이튿날에 의국에 모였습니다. 그 뒤 온전하게 하루 이상을 병원에서 벗어날 수 있었던 건 1년 3개월이 지난 1997년 7월이었습니다. 사생활이나 휴식 따위는 생각할 틈도 없었습니다. 눈앞의 환자는 중증으로 외과적 처치를 필요로 했고, 환자의 목숨을 구하기 위해 의국 전체가 단결했습니다. 저는 지식이나 기술은 모자랐지만 의욕만큼은 넘치는 수련의*로서 꽁무니를 따라가느라 허덕이는 나날이었지요. 하고 싶은 일에 점점 다가가고 있다는 생각도 들었지만 사실은 눈 깜짝할 사이에 시간이 지나 버렸습니다.

지역 핵심 병원에서 새로운 의료와 맞닥뜨리다

대학에 이어서는 오사카 부립병원(현 오사카 부립 급성기종합의료센터), 다카라즈카 시립병원 같은 공립병원에서 외과·흉부외과 진료에 종사했습니다. 악성질환 환자가 많았고, 한편으로는 급속하게 진전하는 내시경외과의 흐름을 접하게 되었습니다.

소화기외과 수술에서는 '급성충수돌기염appendicitis, 치질, 탈장이 입문편'이라고들 합니다. 이들 급성충수돌기염, 치질, 서혜부 탈

---

* 의사임상연수제도에 따라서 의사 면허 취득 후에 임상 연수를 받는 의사. 각 과를 돌아가며 기본적 진료 능력을 쌓는다. 우리나라의 인턴, 레지던트 과정에 해당한다.

장 수술은 외과의라면 누구나 거치는 과정이고, 일반적으로 그 뒤엔 담석 수술을 경험합니다. 그런데 이때 개복수술을 하는 게 아니라 내시경 수술을 합니다. 복부 3~4곳에 1~2센티미터 구멍을 내고 탄산가스를 주입하여 복부를 부풀린 뒤 내시경으로 수술 영역 operating field을 보면서 전용 감자 수술도구를 조작하는데 정말로 획기적이었습니다.

흉부외과 영역에도 기흉과 부분 절제만 필요로 하는 암환자에서 내시경 수술을 적극적으로 활용하게 되었습니다. 내시경은 침습*성이 낮고 미용적 이점도 살릴 수 있는 장점 때문이었습니다.

1998년 후반부터는 폐기종에 대한 내시경 외과 치료와 고도 진행 폐암의 흉막파종과 흉수저류 증례에 대해서도 내시경으로 온열화학요법을 만날 기회도 얻었습니다. 지금까지 구할 방법이 없다고 생각했던 환자에게 의학·임상공학의 발달된 기술을 활용하여 어떻게든 치료법을 찾아가는 과정은 아주 흥미진진했습니다. 또한 제가 대학 시절부터 느낀, 급성기 의료가 발전해 가는 흐름에 딱 들어맞는 점도 있어서 연수의를 포함한 최초의 5년이 저의 의료인으로서의 근간을 형성했다고 생각합니다.

---

* 수술, 주사 등 인체에 상처를 남기는 방식

대학에서 쌓은 경험

대학원의 첫 1년은 병동 담당

의사가 되어 처음 5년 정도, 상당히 바쁜 수련의 생활을 보냈고 그 와중에도 비교적 활발하게 학회 발표와 논문 집필에도 열중했습니다. 덕분에 저는 아주 짧은 기간에 사단법인 일본외과학회의 전문의를 취득할 수 있었습니다. 임상활동만으로도 바쁜 가운데 연구도 충실하게 시킨다는 의국 방침이 힘들었지만 지금 생각하면 정말로 고마운 일입니다.

2000년 4월에 흉부외과를 전공으로 선택하고 오사카대학 대학원 의학계연구과에 입학했습니다. 첫 1년은 병동 담당의로서 연수의와 숙식을 함께하며 지냈습니다. 마침 그전 해 2월에 오사카대학 제1외과는 장기이식법에 근거해 뇌사자 심장이식의 첫 번째 사례를 맡았습니다. 그 뒤 뇌사자 폐이식도 시행하여 오사카대학 제1외과는 장기이식의 메카로 자리 잡아갔습니다. 그런 흐름 속에서 병동 담당을 한 경험은 아주 흥미로웠습니다. 지금까지 어떤 방법으로도 치료할 수 없던 환자가 이식을 받고서 오늘도 살아 움직입니다. 더구나 퇴원 후에는 호흡 상태도 개선되고, 제한은 있지만 사회에도 복귀할 수 있는 모습을 보며 급성기 의료의 진보가 환자에게 얼마나 큰 도움이 되는지 실감하게 되었습니다.

이종이식을 연구하는 나날

1년 동안 병동 담당의 생활을 하고 나서 연구 생활을 시작했습니다. 메스 대신 피펫(액량계)을 쥐었다고 하면 듣기는 좋지만 6년 정도 열심히 하던 일을 떠나서 학생 실습 이후 거의 해 본 적 없는 실험을 하는 것입니다. 그러다 보니 처음에는 아주 당황스러웠지요.

연구 주제는 돼지의 장기를 인간에게 이식하는 이종이식에 있어서 바이러스 감염을 방지하는 것이었습니다. 장기이식은 기증자 donor 부족이 문제이고 세계적으로 대기 환자 수가 빠르게 늘고 있습니다. 몇 년씩이나 기증자를 기다리는 상황을 타파하고자 여러 가지 방책을 고민했지만 줄기세포의 임상응용도 어려움이 많은 시점이었습니다. 그때 비교적 실현 가능성이 높다고 떠오른 것이, 의외일지 모르지만, 돼지와 인간 사이의 이종이식이었습니다. 오사카대학도 많은 연구비를 얻어 의료용 돼지 개발에 몰두했는데, 그 팀의 일원으로 연구활동에 참여하게 되었습니다.

학위를 따고, 이제 어떻게 할까?

처음에는 어떻게 되는 걸까 싶었던 연구활동도 여러 선생님의 지도를 받으며 그럭저럭 형태를 갖추었고, 영문 저널에 발표하게 되어 무사히 학위를 받을 수 있었습니다. 학위 취득의 마지막 관문인 공청회도 끝나고, 당시 병원장이던 마쓰다 히카루 교수(현 명예

교수)와 면담에서 "이제 어떻게 할래?"라는 질문을 받았습니다. 결과가 보이기 시작한 이종이식 바이러스 감염 제어를 주제로 유학 갈지, 대학에 남아 장기이식 진료를 하면서 대학 교수로서 가능성을 찾을지, 아니면 다시 외부 병원에 나가서 환자와 마주하는 나날을 보낼지 고민했습니다. 그런데 결국에는 '어머니가 운영하는 약국을 잇기로' 하였습니다.

대학원생 시절에 느낀 의료의 패러다임 전환

물론 우여곡절을 겪었고 직간접적으로 여러 선생님에게 폐를 끼쳤습니다. 그럼에도 이런 결정을 한 이유는 3년 간 대학원에서 연구를 하며 급성기 의료에서 만성기 의료로, 치료cure에서 돌봄care으로, 주역이 된 의료에서 보조하는 의료로, 제 안에서 패러다임의 전환이 일어난 게 아닌가 싶습니다.

저는 비교적 운이 좋다고 느낍니다. 이런 일들이 10년 늦거나 10년 빨랐어도 내시경 수술과 이식의료의 여명기를 체험하지는 못했을 테지요. 또한 대학원을 수료한 시기에는 때마침 장기이식 치료 환경도 조금 안정되었고 주임 교수의 퇴임도 몇 년 남지 않은 상태였습니다. 의국을 떠날 타이밍이 좋았다고 생각합니다.

약국 업계도 마찬가지로, 10년 늦거나 10년 빨리 들어왔다면 약국과 약사의 존재 방식이 변하는 한복판에 관여할 수 없었을 겁니다. 약사 아들이 외과의가 되었다가 다시 약국으로 돌아온 경과는 언뜻 별나 보이지만 돌아보면 몇 가지 우연이 겹쳤다고 생각합니다.

외과의가 약국으로
돌아온 이유

2

우연이라 해도 내시경과 이식수술 등의 급성기 의료를 행하던 제가, 진로를 변경해서 만성기 의료와 지역 의료로 전환한 이유 중 하나는, 지역 의료의 모습이 크게 바뀐 모습을 실감했기 때문입니다. 그 현장은 주로 2곳이었습니다. 하나는 비상근 근무처인 의료기관, 또 하나는 약국이었습니다.

대학원 생활의 실태

아르바이트를 하면서 목격한 지역 의료의 모습

서른 살이 넘어서 대학원생이 된다는 것은 가치 있는 일이지만 상근직을 잃는다는 뜻이기도 합니다. 그때까지 시민병원에 근무하면서 나름 수입도 안정되었는데 그것이 없게 되었고, 생활비를 벌기 위해서 대학 일 외에도 당직과 외래 진료 등을 담당하게 되었습니다.

그전에도 대학병원 병동 당직과 시민병원 야간 구급외래 담당 등 외과 이외의 일을 했지만, 전혀 다른 민간병원과 클리닉에서 한 체험은 국공립병원에서 순수배양된 저에게 적잖은 충격을 주었습니다. 그 이유는 만성기 환자와 고령 환자가 많은 점, 그중 대부분이 두 가지 조건을 모두 갖추고 있었다는 점입니다.

고령자 대상 의료는 기초질환에 대한 배려도 필요

급성기 병원에서도 고령 환자가 늘고 있었습니다. 여든 살 넘은 분에게 전신 마취를 할 수 있을지 불안을 느낀 적도 있고, 아흔 넘은 환자에게 수술을 한 기사가 신문 지방판에 게재되기도 했습니다. 고령화의 물결은 외과 현장에도 밀려오고 있었던 거지요.

또한 소화기와 호흡기에 악성질환이 있는 경우에 다수가 고혈압이나 당뇨병, 이상지질혈증 등 생활습관병을 함께 앓고 있었으며, 약물치료에 대한 배려가 필요한 증례도 조금씩 두드러졌습니다. 하지만 급성기 병원에서 외과가 맡은 역할은 수술과 짧은 수술 전후 기간perioperative period 관리입니다. 인슐린을 사용한 혈당 관리와 극단적인 고혈압 증례 등은 내과와 함께 진료하지만 외과는 수술 관련 사항에 전념하면 그만이었습니다. 이런 환경에 있다가 일반

외래 진료와 당직 업무를 하다보니 혼란스러운 일이 많았습니다.

비상근 근무처에서 한 경험도 계기

의원에서 원장 대신 외래 진료를 보았을 때 일입니다. 그곳은 개업한 지 40년이나 되었고 대기실은 노인정인가 싶을 만큼 노인으로 넘쳤습니다. 몇 십 년이나 원장에게 진료를 받아 온 환자들은 간호사와도 친했기 때문에 대기실은 떠들썩했습니다. 같은 의료기관이라도 숨이 끊어질 듯한 사람이나 암, 심장병 등으로 생명의 위기를 느끼는 사람이 찾아오는 곳만 있는 게 아니라는 당연한 사실을 묘하게 납득했습니다.

진료 내용에 놀라다

진료 내용도 적잖이 놀랐습니다. 벌써 10년도 전이고 현재는 원장이 돌아가셔서 문을 닫았지만, 점적·주사의 총출동이라 해도 과언이 아니었습니다. 내용물은 포도당과 약간의 전해질, 때에 따라서는 비타민제나 황산 콘드로이틴 등입니다. 이러한 일들을 손에 굳은 살이 배길 정도로 수행한 간호사가, 지금은 거의 볼 수 없는, 유리제 주사기를 능숙하게 다루면서 솜씨 좋게 주사를 놓는 모습은 압권이었습니다. 저도 모르게 넋을 잃고 빠져들 정도였지요.

처방은 환자가 희망하는 대로

약물의 조제 및 투약은 거의 병원 내에서 이루어졌고 이를 수행한 사람들은 약사나 간호사가 아닐 때도 있었습니다. 처방 내용은 예전에 많이 쓰던 혈압강하약이나 위장약이 많고(언젠가 저도 그런 식으로 처방하게 될 테지만), 환자는 제멋대로 "아, 오늘은 변비약 필요 없어요." "오늘은, 파스 다섯 봉지 주실래요?" 합니다. 그러면 직원은 "네!"라고 대답하고 종이 진료 기록부Karte에 메모를 붙여서 저한테 가져오는 식이었습니다.

급성기 병원에서조차도 일반적으로 수행하는 고위험약물 관리나 의약품 상호작용에 대한 검토 같은 것이 이루어지지 않았었다고 생각합니다. 극단적으로 여러 약물을 병용하는 환자에게 약물 수를 줄이라고 권해도 "아니요, 이대로 괜찮아요."라는 말을 듣는 경우가 대부분이었습니다.

죽음이 터부시되는 사회

또 지역의 중소 병원에 수술을 돕거나 당직을 하러 가면 다른 의미로 놀라는 일도 많았습니다. 수술실이라고 안내를 받았는데 나무문을 열고 커튼을 젖히자마자 수술대가 놓여 있던 적도 있고 대학병원에서는 생각도 못할 수술 방법을 쓰기도 했습니다. 문화 충격도 컸지만 야간·휴일에 구급 외래로 실려 오는 분들이 고령자였다는 사실에 많이 놀랐습니다.

부모의 죽음에 이성을 잃다

인상 깊은 일이 있었습니다. 밤 10시쯤 구급대에서 전화가 걸려왔습니다. 2년 가까이 같은 요일에 같은 병원에서 당직을 하다 보니 낯이 익은 대원이었습니다. 전화 내용을 똑똑히 알아듣기 힘들어 어찌 된 일인지 캐물었더니, 별채에서 지내던 80대 후반 환자가 책상 위에 엎어져 있는 것을 귀가한 가족이 발견했다고 합니다. 입에는 점심에 먹은 음식 찌꺼기가 남은 상태였지요.

60대인 장남이 완전히 이성을 잃어서 돌아가셨다고 아무리 설명을 해도 듣지 않고 "병원에 데려가 달라."고 매달리는 상황이었습니다. 그러니 구급처치를 해 주지 않겠느냐고 하여 보는 건 상관없다며 승낙했고, 4~5분 만에 구급차가 도착했습니다.

'사람은 죽는 존재'라는 걸 의식하지 않는다?

간호사와 함께 마중을 나가 의식이 없고 호흡도 자발적으로 하

26

지 못하는 걸 확인했습니다. 무척 동요한 장남에게도 상황을 물으면서 처치실로 옮겼습니다. 형식적인 기관 내 삽입을 하려고 후두경을 거는데 아래턱이 이미 굳어 있었습니다. 아래턱 경직은 통상 사후 2~3시간이 지나 일어납니다. 참 난감한 상황이었습니다.

결국 형식적인 처치를 하고 나서 마지막엔 임종하셨다는 말을 했습니다. 그때 장남이 거듭 되풀이한 말이 "설마, 이렇게 될 줄은… 아침까지만 해도 건강하셨어요."였습니다. 그 마음은 충분히 이해합니다. 저도 분명히 같은 반응을 보였을 테지요. 하지만 일정 연령을 넘으면 언젠가 끝이 찾아올 거라는 예상을 해 둬야 합니다. 그 가족이 낭패스러워하는 모습을 보며 생각했습니다. 이 나라에서는 인간이 죽는다는 걸 의식하지 않는 모양이라고 말이죠.

저도 그런 사람 중 한 명입니다. 부모님은 건재하고 중학생 때 조부모가 돌아가신 후로 육친의 죽음을 경험하지 않았으니까요. 후기 고령자 의료제도를 설계할 때에도 "고령자를 전기와 후기로 나누는 건 대체 뭐냐?" "후기라니, 늙은이는 죽기만 기다리라는 건가?"라는 비판이 일었습니다. 일본에서는 너무나도 죽음을 터부시한 나머지, 생을 향한 집착이 이상한 방향에서 높아진 것 같았습니다.

약국에서 병을 가르쳐 주는 경험으로 배운 것

외과의 길만 걸어온 저에게 의료의 또 다른 일면을 가르쳐 준 곳이 약국입니다. 2001년 봄으로 거슬러 올라가, 저는 다시 약국과 접점을 갖게 되었습니다. 대학원생이 되어 의국에 돌아가서 1년 동안 병동 담당의로 근무하며, 연구하면서 생활이 크게 변했습니다. 의료기관 근무는 정기적인 당직과 비상근이 주였고, 뇌사 기증자 발생 등 긴급한 상황이 아닌 한 병동에 불려 갈 일도 없어졌습니다. 하루하루가 여전히 바빴지만 6년 만에 어느 정도 스케줄을 짤 수 있게 되었습니다.

'폐가 새하얗다'의 의미를 배우는 데서부터

그런 차에 약국을 운영하시던 어머니한테서 전화가 걸려 왔습니다.

"X-ray 검사에서 폐가 새하얗다는 건 무슨 뜻이니?"

입원 중인 환자를 대신해 가족이 처방전을 갖고 왔는데, 주치의가 병세에 대해 그렇게 설명했다는 것입니다. 환자 가족은 폐가 새하얗다는 게 무슨 말인지 몰랐지만 주치의한테 물어볼 기회를 놓쳐서 약국에 들른 김에 물었다고 합니다. X-ray 검사 소견에 관한 질문은 병동 간호사한테 자주 듣던 터라, 의국에 있던 교육용

X-ray 필름을 들고 달려가 당시 졸업한 지 3년 된 약사에게 설명했습니다. 간호사한테 설명했을 때와는 달리 반응이 썩 좋지 않더군요.

약학에서는 해부나 생리를 배우지 않는다

조금 마음에 걸려서 병리와 병태에 대해서 물어보았습니다. 예를 들어 심방세동이 있고 승모판막폐쇄부전이 있을 때 와파린 복용이 필요한 이유를 물어보았더니, 그 반응은 그야말로 횡설수설에 가까웠습니다. 더구나 '승모판막이 어디 있는지 알아요?' 라고 물었더니, 자신 없다는 듯 웃을 뿐이었습니다. 난감했습니다. 당시 졸업한 지 3~4년 된 그 약사에게 이것저것 물어보고, 그녀가 공부한 2000년 이전 약학부에서는 해부나 생리에 대해 제대로 가르치지 않았다는 걸 알았습니다.

내가 쓴 처방전이 약국에서 조제된다고 생각하면

당시 제가 외래를 담당했던 오사카대학 의학부 부속병원에서도, 딱 그 즈음부터 원외 처방전을 발행했습니다. 어머니가 경영하는 약국은 같은 오사카부 내에 있으니, 어쩌면 제가 쓴 처방전이 그리 흘러 들어갈 수도 있다는 얘기입니다. 그런 생각을 하니, 솔직히 무서웠습니다. 이와 함께 약물의 위험 관리에 대한 의식 차이도 느꼈습니다. 의료기관에서는 환자 이름과 마비가 있는 쪽患側, 투여 약물 확인 등을 아주 엄격하게 했는데, 안타깝게도 친가 약국 업무와 온도차가 적잖다는 사실을 통감했습니다. 실제로 당시 혈당 강하약을 잘못 조제해서 환자에게 저혈당 증상이 나타나는 사고도 발생했습니다.

자신의 미숙함에 공포를 느끼는 의사, 간호사, 약사의 온도차

어머니와 이야기를 나누면서 여러 가지 공부를 위해 정기적인 모임을 갖는 게 좋겠다고 판단했습니다. 시간에 조금 여유도 생겼고 반쯤은 효도하겠다는 마음이었지요. 공부 모임은 약국 지점 2층에서 2001년 6월부터 직원 약사(10명 정도였지만)를 모아 열기로 했습니다.

의사가 공부 모임을 열면 좋아할 거라 생각했는데 놀랍게도 사원들은 불평했습니다. 이유를 물으니 "겨우 학생 신분을 벗어났는데 또 공부예요?"라는 대답이 돌아오기도 했습니다. 물론 모든 약사가 그렇게 느끼지는 않을 테지요. 그래도 눈앞의 환자에게 몰두하면서, 지식의 취약함과 기술의 미숙함에 겁을 내면서, 필사적으로 임상 연수에 임하는 의사와 간호사를 생각할 때, 그 온도차가 커서 놀랐습니다.

일본의 의료가 어떤 문제를 안고 있는지 보였다

이처럼 한 사람 몫을 하는 의사가 되기 위해 정신없이 몇 년을 보내고 지역 의료 현장과 약국의 상태를 알아감에 따라 이 나라의 의료 자체에도 흥미가 솟았습니다.

세계에서 유례를 볼 수 없는 초고령사회 도래

예전에 일본은 고령화사회라고 불렸는데, 지금은 그렇지 않은 걸 아십니까? 물론 고령화가 멈췄다는 뜻이 아니라 말을 정의하는 방법 문제일 뿐입니다. 65세 이상을 고령자라고 정의했을 때, 전 인구의 7퍼센트를 고령자가 점하면 '고령화사회', 14퍼센트에 이르면 '고령사회', 21퍼센트를 넘으면 '초고령사회'라고 부릅니다. 5년마다 하는 인구조사에 따르면, 일본은 2010년에 23.1퍼센트를 넘어 세계 어떤 나라보다도 빨리 초고령사회에 돌입했습니다(그림 1). 현재도 이 숫자는 계속 오르고 있으며, 2013년 9월 15일 시점 인구추계推計에서는 총인구의 25퍼센트에 달한다고 보도되었습니다.

많이 죽는 시대의 도래

고령화가 진행되면 걱정되는 것이 의료비 증가입니다. 사람은 나이를 먹으면 아무래도 여기저기 아프기 마련이고 의료 처치를

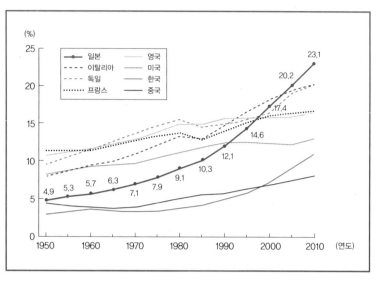

그림 1 선진국 고령자 비율
(일본: 2010년 인구조사, 국제연합 〈World population prospects〉 2010년 개정판)

65세 이상 4명에 1명꼴

일본 총무성이 경로의 날에 맞추어 집계한 15일 시점의 인구 추계에서, 65세 이상 고령자가 과거를 통틀어 최고인 3,186만 명이 되어, 처음으로 총인구의 25%에 달했다. 1947~1949년 출생한 베이비붐 세대가 속속 진입하면서, 4명 중 1명이 고령자인 시대를 맞았다. 고령화를 전제로 한 마을 만들기 등 사회의 변혁과 현역 세대에 부담이 걸리는 사회보장의 재검토가 시급해 보인다. 2010년 인구조사를 바탕으로, 그 후의 출생 수와 사망 수 등을 더해 추계했다. 장기 체재하는 외국인도 포함된다.

2013년 9월 16일《일본경제신문》

받는 일이 늘어납니다. 실제로 일본의 의료비는 계속 치솟고 있으며 2012년 통계에서는 38조 엔을 돌파하였습니다. 고령자 인구 증가(고령화율 상승)에 따라 이 수치는 더욱 높아질 전망입니다. 이를 어떻게든 억제하고자 하는 것이 국가의 기본 방침이지요. 그러기 위한 키워드는 몇 개 나와 있습니다.

키워드 1. 병원에서 집으로

의료비가 치솟는 원인 중 하나가 입원 의료비라는 점에서 침상 수를 줄이고 입원 일수를 단축하는 방안을 진행 중입니다. 제가 연수의였던 1996년 즈음에는 위암 수술을 할 때 2~3주 전에 입원해서 모든 검사를 한 다음에 수술했습니다. 그 뒤로도 식사하고 실을 뽑을 때까지 입원을 시켰습니다. 지금은 상상도 못 할 테지만 시대는 20년 사이에 크게 변했습니다.

또한 장기요양을 목적으로 한 요양형 병상에서도 의료 비율보다 개호介護● 비율이 명확히 높아졌습니다. 따라서 병상 수와 입원 기

● Care. 환자 또는 생활 지원이 필요한 사람을 돌보는 의미로 쓰임(우리나라에서는 돌봄, 요양 등으로 쓰임)

간을 줄여 왔지요. 즉 환자의 요양 현장이 의료기관에서 집과 시설로 바뀌어 온 것입니다.

키워드 2. 건강수명 연장

현재 일본인의 평균 수명은 여성이 86.4세, 남성이 79.9세(후생노동성 조사, 2012년)라고 합니다. 여성은 세계에서 첫 번째, 남성은 다섯 번째로 손꼽히는 장수국가입니다. 그런데 오해 살 걸 각오하고 얘기하자면 '사는 것'과 '죽지 않은 것'은 같은 뜻이 아니라고 생각합니다. 심한 마비나 장해, 인지기능 장해 등을 가졌다 해도, 가족은 사랑하는 소중한 사람이 하루라도 오래 살기를 바라는 법입니다. 충분히 이해합니다. 그래도 이왕이면 건강하고 생기 넘치는 삶을 하루라도 더 살고 싶고, 가족도 당연히 그러기를 바랄 것입니다.

1970년대 후반 이후 의료기술이 급속히 발달했고, 이와 함께 급성기 질환 치료도 크게 진보했습니다. 뇌경색과 심근경색 등의 생존률도 비약적으로 향상되었지요. 그런데 이것은 동시에 계속적인 의료·개호를 필요로 하면서 장시간 생활하는 걸 뜻합니다. 국민 의료비 적정화 관점에서도 앞으로는 적극적인 질병 예방을 포함한 '건강수명 연장'이 큰 주제가 될 것입니다.

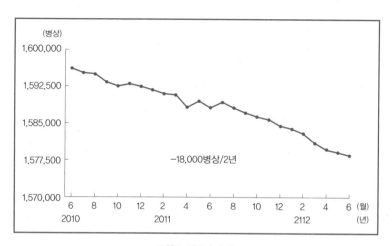

그림 2 병상 수 추이
(후생노동성: 의료시설 실태 조사, 2012년)

키워드 3. 재택 사망 비율 상승

그리고 재택 사망 비율 상승입니다. 초고령사회가 도래한 후에는 그중 다수가 한꺼번에 생물학적 생명을 끝내는 시기가 올 것입니다. 2012년 후생노동성 통계에 따르면 현재 연간 125만 명이 사망하는데, 베이비붐 세대가 후기 고령자에 돌입하는 2025년에는 170만 명을 넘어설 거라고 합니다.

이 증가분을 모두 의료기관에서 받아들일 수는 없습니다. 오히려 의료기관 침상 수는 감소 추세(그림 2)입니다. 이 점을 고려하면 이미 있는 개호 시설을 빼더라도 50~60만 명의 재택 사망에 대한 수용 준비를 해 둘 필요가 있다고 합니다. 만약 제대로 정비해 두지 않으면 병원에서 넘쳐나는 환자가 죽을 곳을 찾아 헤매는 사태가 벌어질 수 있습니다.

노인의 '죽을 곳' 만들기가 중요한 과제

이것은 국민 모두가 생각해야만 할 문제이고, 그 대책 중 하나가 요즘 성시를 이루고 있는 요양 제공 주택이나 유료 노인홈 건설이라고 볼 수 있습니다. 특히 서비스 제공 고령자 주택은 보조금이 붙기도 해서 그런지, 제도가 시행된 이후 2년 반 사이에 4500곳 넘게 세워졌습니다. 정원은 15만 명에 조금 못 미칩니다(그림 3).

다만 유료 노인홈이나 그룹홈, 서비스 제공 고령자 주택 등은 그만한 자기 부담이 필요합니다. 경제 사정이 나빠져서 비용 때문에 입주를 단념해야 하는 노인도 있습니다. 이런 저소득 고령자를 위해 정부는 빈집을 수리해서 돌봄 임대 주택으로 제공하는 방침을 검토했습니다(그림 4). 핵가족화 이후 인구가 감소하고 있어서 빈집이 상당수 나올 터인데, 그런 집들을 배리어 프리 주택*으로 고쳐

● 배리어 프리 주택(barrier-free house)은 장애인, 고령자 등 사회적 약자를 위해 사회생활에 지장이 되는 물리적 장애물을 없앤 주택

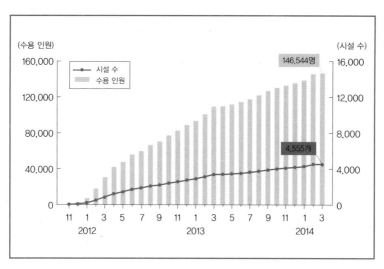

그림 3 서비스 제공 고령자 주택 등록 상황
(거주지 만들기 마을 만들기 센터 연합회 조사. 2014년 3월 말 시점)

서 고령자에게 임대하면 초기 설비 비용을 줄일 수 있는 만큼 다달이 내는 이용료도 비교적 안정적으로 설정할 수 있다는 것이지요. 도쿄와 오사카에서 1960년대 후반에 잇달아 지은 단지와 아파트 중에도 고령자용으로 개축한 경우가 나오고 있습니다.

이런 장소에서 전개되는 의료는 약물치료이지 외과 수술이나 내시경이나 X-ray 같은 검사가 아닙니다. 또한 고령자가 주요 대상이라는 걸 생각하면 반드시 치료에서 개호로 패러다임 변화가 필요하고 생명 종착점인 임종도 주제가 될 것입니다.

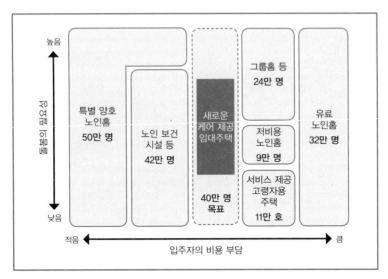

그림 4 빈집 특별 양호 노인홈과 유료 홈 등의 사이를 메운다

빈집 케어 제공 임대로

정부는 고령자용 임대주택 정비를 서두른다. 저소득층을 대상으로, 빈집을 용도 변경하여 비교적 값싼 돌봄 포함 임대 주택을 제공할 수 있도록 지원한다. 중·고소득층이 이용하는 복지시설이나 주택을 합쳐, 약 10년 계획으로 100만 호 남짓을 확보한다. 특별 양호 노인홈* 같은 시설은 부지와 재원에 제약이 있어서 다수 늘리기는 어렵고, 개호 제공 주택으로 장래의 돌봄 수요에 대비한다. 저소득 고령자용의 새로운 개호 제공 임대주택은, 특정 비영리 활동 법인(NPO 법인)이나 사회복지 법인 등이 사업 주체가 된다. 2014년도에 정비를 시작해, 앞으로 10년 간 40만 명 수용 가능한 시설을 만드는 게 목표이다.

NPO 법인들이, 공실이 대부분인 임대 공동주택과 빈 단독주택을 소유자에게 통째로 빌리는 방식이다. NPO 법인들은 공동주택과 빈집을 리폼하고, 그 비용의 일부를 국토교통성 보조금 등으로 지원하는 것을 상정……

2013년 7월 18일《일본경제신문》

재택 임종에 대한 이미지

집에서 임종을 맞는다고 하면 당연히 당황할 것입니다. 아무래도 고착된 이미지의 영향 때문입니다. 텔레비전 드라마나 영화에 나오는 임종 장면은 이렇습니다. 산소 호흡기를 쓴 환자가 누워있고 규칙적으로 삑삑 울리던 심전도 모니터가 갑자기 흐트러집니다. 간호사나 가족이 "선생님! 선생님!"하고 의사를 부르고, 허둥지둥 달려온 의사는 조금 처치를 하지만, 심전도 파형이 일자를 그리며 알람이 삐 울립니다. 가족이 마른침을 삼키며 지켜보는 가운데 의사는 천천히 펜라이트를 꺼내 동공의 대광반사를 확인하고 다시 심장 소리를 듣고 환자복 단추를 잠급니다. 그러고는 한마디 하지요. "임종하셨습니다."

숨을 한 번 삼키고 가족이 매달리듯이 "아버지!"라며 울부짖는……. 그런 장면이 몇 번이고 반복되다 보니, 이것이 이 나라 임종의 표준처럼 생각하게 되었습니다. 그와 같은 일을 집과 돌봄 시설에서 해야 한다면 당연히 불안감이 솟을 테지요. 하지만 집에서 임종을 맞을 때 결코 그런 걸 요구하지 않습니다.

● 특별 양호 노인홈은 입주형 복지시설이다. 입주 조건은 65세 이상 3~5등급으로, 항상 돌봄이 필요한 사람이다. 특정 질병이 인정되면 40~64세도 입주 가능하다. 일본의 등급은 우리나라와 반대여서 1등급이 가장 가벼운 증상이고 5등급이 가장 무거운 증상이다.

애초에 심전도 모니터가 일반화된 지는 고작 20~30년 되었습니다. 국민 개호보험제가 정비되어 의료 접근성이 보장되고 적은 자기 부담으로 누구나 의료 혜택을 받을 수 있는 시대가 된 것도 최근 수십 년 사이의 일입니다. 백 년 전에는 사람이 어떻게 죽고 어떻게 임종을 지켰는가 생각하면 이러한 장면은 필수가 아닙니다.

추락인가 착륙인가

또 하나, 구명처치나 의료행위를 할 수 없으면 집에서 임종을 지키기 어렵다는 오해가 있습니다. 저는 임종이란 비행기 착륙과 같다고 생각합니다. 예상된 죽음이 예상된 노정을 거쳐서 찾아오는 것이지요. 그런데 개호 담당자와 가족 다수가 떠올리는 이미지는 비행기 추락 같은 게 아닐까 합니다. 아직 더 날 수 있다고 생각했는데 갑자기 상태가 이상해져서 추락하는 것입니다. 이런 건 임종이 아니라 급변입니다. 그 급변이 주치의든 주위 사람에게든 예상 밖이었다면 당연히 목숨을 구하기 위해 손을 써야 합니다.

다행히 일본에서는 119에 연락하면 몇 분 안에 구급차가 도착합니다. 구급대원 다수는 구급 구명사 자격을 갖고 있으며 착실히 교육을 받아서 기도 확보, 의식 확인, 순환 확인, 필요한 의료 처치를 하고 의사가 기다리는 병원으로 환자를 옮깁니다. 일반인이나, 의사와 간호사 이외의 의료·개호 담당자라면 AED*를 사용한 일차

구급 구명 강습을 받고 지역 구명 시스템으로 연결하는 부분을 담당해야 합니다. 이것이 기본적인 사고방식입니다.

요즘에는 약국 직원도 AED 강습을 받는 사례가 늘고 있어 이런 분야에도 익숙해졌을 것입니다. 그런 지식과 기술이 의료 시스템의 어느 부분에 들어맞을 것인가 그림을 그려 봄으로써 더욱 마음 편히 몰두할 수 있을 거라 생각합니다.

집에서 임종을 맞기에 적당하지 않은 질환도 있다

제가 생각하기에 집에서 임종을 맞기에 적당하지 않은 질환도 있습니다. 중증감염증이나 호흡부전, 순환부전 등이 그렇습니다. 열이 한없이 올라가거나 호흡상태와 순환동태가 흐트러져 보기에도 고통스러운 경우에는 역시 의료기관에서 일정 의료처치를 받으며 임종에 이르는 게 좋지 않을까요. 근위축성 측삭경화증 Amyotrophic Lateral Sclerosis: ALS 같은 희귀 신경질환이나 호흡부전을 일으키는 선천성 질환 환자가 집에서 요양하는 경우에는 인공호흡기가 꼭 필요해지는 일이 있습니다. 그렇다고 해서 병원 중환자실에서 하는 호흡기감염증이나 순환부전 관리까지 재택 의료 현장에서 할 수 없는 일입니다.

● AED(Automated External Defibrillator): 심장 박동을 정상화시키기 위해 전기 충격을 가하는 데 쓰는 의료 장비

일본인의 사인死因에서 임종 의료를 생각한다

2012년 후생성 통계에 따르면 1년 동안 사망자 수 125만 6359명 중에서 악성신생물, 즉 '암'으로 죽는 사람이 36만 명으로 약 3분의 1을 차지했습니다. 다음으로 심질환과 뇌혈관질환을 합쳐서 약 3분의1, 나머지는 폐렴과 노쇠, 자살과 사고 등입니다(그림 5).

암은 다른 질환과 달리 동통관리와 약간의 영양·수분관리를 할 수 있으면 집에서 요양할 수 있습니다. 누구나 마지막에는 죽음을 맞는 법이지만, 시들 듯이, 앞서 예처럼 비행기가 착륙하듯이, 마지막 순간을 맞을 수 있지 않을까 생각합니다. 일본에는 대왕생이라는 표현이 있습니다. 편안하게 죽는다는 뜻이지요. 재택과 병원 양쪽에서 암 환자의 임종을 지켜본 결과, 그야말로 대왕생이라고 실감할 때는 암환자인 경우가 많습니다.

안타깝게도 일본은 여전히 흡연률이 높은 나라입니다. 한편 뇌혈관질환과 심질환은 약물치료, 조기 시술 그리고 구급 구명률 향상에 의해 그 질환 자체가 사인이 되는 일은 줄어들 것입니다. 이런 경향을 놓고 보면 앞으로, 2025년 즈음에는, 사인에서 암이 차지하는 비율이 늘어날 테고 재택 임종은 더욱 추진될 것으로 보입니다.

암 말기에 있는 환자를 지탱해 줄 때는 마약성 진통제도 고려한 약물치료와 관리가 필요하고 상태에 따라 집에서 수액요법을 쓸

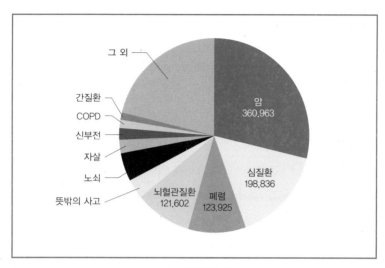

그림 5 **일본인의 사인**
(후생노동성: 2012년 인구 동태 통계[확정 수] 개황, 2013년 9월)

필요도 있습니다. 외래를 통한 항암제 투여 등 암 치료에서도 큰 변화들이 계속 일어나고 있습니다.

늘어난 생활습관병 환자

한편, 생활습관병 환자도 계속 늘고 있습니다. 2012년 국민건강·영양조사에 따르면 당뇨병이 의심되는 사람은 약 950만 명, 당뇨병 가능성을 부정할 수 없는 사람은 약 1100만 명입니다. 양쪽을 합하면 당뇨병 치료와 대책이 필요한 사람은 2000만 명이 넘습니다(그림 6). 일본 인구가 1억 2751만 명이란 걸 생각하면 아기와 어린아이를 포함하더라도 여섯 명에 한 명은 당뇨병을 조심해야 한다고 말할 수 있습니다.

내장지방 축적은 당대사 이상을 일으키는 원인이 됩니다. 고혈압과 지질대사 이상에도 관계합니다. 이것이 대사증후군의 개념입니다. 앞의 국민건강·영양조사에 따르면 남성 중 29.1퍼센트, 여성 중 19.4퍼센트가 BMI 25 이상으로 '비만'입니다. 비만인 사람 모두가 대사증후군이라고 할 수는 없지만 국민 네다섯 명 중 한 명은 생

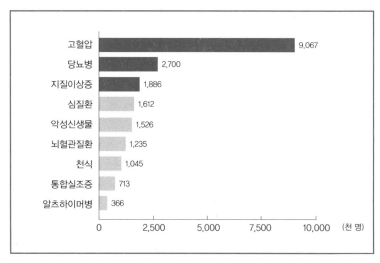

그림 6 **주요 상병의 총 환자 수**
(후생노동성 중앙사회보험의료협의회 2013년 1월 23일 자료를 바탕으로 작성)

활습관병에 걸릴 확률이 높다는 얘기가 됩니다.

외래 의사의 일 중 절반은 생활습관병 관리

현재 의료는 입원과 외래 진료를 통해 이루어지고 있는데 외래로 찾아오는 원인 질환의 절반 정도는 고혈압, 당뇨병, 지질이상증 등 생활습관병이 차지하고 있습니다. 다시 말해 병원과 의원에서 외래를 담당하는 의사의 일 중 절반은 생활습관병 치료라고 할 수 있습니다. 생활습관병 치료는 식습관·운동습관 개선과 함께 평소 체중과 혈압 같은 바이털 사인vital sign(활력 징후)을 체크하고, 정기적으로 혈액 검사를 하여 투약 내용을 조정합니다. 앞으로 생활습관병 환자는 급증할 것입니다. 그런데 의사가 느긋하게 진찰과 혈액 검사를 반복하면서 처방전을 발행하기만 하고 그에 따라 약사가 조제만 한다면, 과연 이런 형태가 최선일까요?

일본 의료의 문제

초고령사회가 된 일본에서, 공적자금 등에 의한 의무건강보험제도를 견지하면서 질 높은 의료를 계속 제공하기 위해, 새로운 사회보장제도가 요구되고 있습니다. 떠받치는 세대가 줄고 지원 받는 세대가 늘어나는 가운데 어떻게 하면 한정된 재정적·인적 자원을 유효하게 활용할 수 있을지가 숙제입니다. 이에 국가가 제시한 큰 흐름은 입원에서 외래로, 의료기관에서 집 또는 개호 시설로 의료 현장을 옮기는 일입니다.

의료 현장, 즉 의료 제공 장소를 바꾼다 해도 환자에게는 여전히 의료가 필요합니다. 새로운 의료 제공 제도를 구축하지 않으면 환자는 금방 어려움에 빠집니다. 고령화 진행은 통상 환자 수 증대로 이어집니다. 특히 생활습관병 환자가 계속 늘어날 것입니다. 이 숫자에는 나이를 많이 먹거나 생활습관 축적 때문에 발생한 암도 포함됩니다.

이 증대하는 요구에 대하여 지금까지와 다른 의료 제공 체제를 만들어야 합니다. 지금 우리 눈앞에 나타난 의료 문제는 그에 대한 답을 찾아가는 길이 되지 않을까요?

약국과의
재접점

3

<u>왜, 약국과 약사인가?</u>

　사회인이 된 이후 저의 신분은 오랫동안 외과의였습니다. 그중에서도 흉부외과 영역의 내시경 수술에서는 여러 가지 운과 인연이 겹친 덕분에 충실한 나날을 보냈습니다. 대학원에서는 돼지 장기를 사람에게 이식하는 이종이식을 주제로 연구하며 과학의 한자락을 경험했습니다. 3년 정도 연구를 하면서 몇 번이나 새로운 발견에 놀라고 기뻐하고 낙담도 했습니다. 실패라고 생각한 실험 결과가 새로운 성과로 이어지기도 했지요. 조금 드라마틱한 체험이었습니다.

　대학원에 다니면서도 임상의 활동을 계속했고 혼자서 외과계 당직을 하면서 의사로서 어느 정도 자신을 갖게 되었습니다. '이것이 어릴 때부터 그린 외과의 생활인가?' 싶었지요. 하지만 대학원 졸업 후에 주위의 의표를 찌르며 약국 경영을 선택했습니다. 2004년 봄에 약국 사장으로 취임한 이후, 의사로도 계속 활동하고 있지만 주된 일은 약국 경영이지요.

"오사카대학의 하자마입니다."에서 "하자마약국의 하자마입니다."로 자기소개가 바뀌었습니다. 대담하다고 할 이 변신에 확실한 근거나 확신이 있었던 건 아닙니다. 1995년에 대학을 졸업한 뒤 여러 의료 현장에서 저 나름대로 체험해 온 문제와 약국과 약사 업계가 직면한 여러 가지 문제에 대해, '약국과 약사가 변하면 해결할 수 있지 않을까?' 생각했을 뿐입니다.

허우적거리며 배운 것

강연회에 가면 뒤풀이 자리에서 여러 질문을 받습니다. 그런 때에는 제 경험을 바탕으로 대답하는데 "선생님은 실제로 여러 가지 일을 하고 계시는군요!"라며 놀랍다는 반응들을 보입니다. 그럴 때는 "그래요!" 하고 빙긋 웃지요. 실제로 구인, 채용, 교육, 영업, 처방의나 개호 시설 직원과의 교류, 새로운 점포 개발 등 약국 경영 전반에 관여해 왔습니다.

당연한 일이지만 현재 약국이 안은 문제는 곧 제 문제이기에 진지하게 달라붙었고 끙끙거리며 번민도 했습니다. 또한 약사 인재 부족은 심각한 문제입니다. 경영자로서 가장 우선하는 사항이지요. '동쪽에 그만두고 싶다는 약사가 있으면, 가서 그런 소리 말라고 애원하고, 서쪽에 분업을 그만두겠다는 의사가 있으면, 부탁이니 그런 말은 하지 말라고 애원하고……', 그런 나날 속에서 허우적거리며 지냈습니다.

지금은 직원도 조금 늘었고 중재가 필요할 때 저를 부르지 않는 사례도 생겼습니다. 그렇지만 현재 이 업계가 느끼는 딜레마와 꽉 막힌 느낌은 제가 실감해 온 것이기도 합니다.

의료붕괴의 구조적 문제를 고민하는 계기로

흔히 말하는 '의료붕괴' 현장에도 몸담아 왔습니다. 외과의 업계는 3D 요소가 사방에 널렸습니다. 의사의 과로사와 우울도 문제로 꼽혔지요. 최근에는 상황이 조금 나아진 듯하지만 저만 해도 연일 이어지는 격무 때문에 몸을 해친 적이 있습니다. 그리고 특이한 환자나 의료소송에 대한 언론 보도를 보고 들으면서 제 눈앞에서도 그런 사건과 본질적으로 같은 문제가 일어나고 있다는 사실을 통감할 때가 많았습니다. 그런 사례 하나하나가 우발적으로 일어나는 건 아니란 생각이 들었습니다. 경험을 쌓다 보니 무언가 구조적인 문제가 있다는 걸 느끼게 되었습니다.

이 점이 아주 중요합니다. 요즘 의료 문제를 해결하고자 하는 움직임이 많습니다. 여러 궁리를 하는 모양입니다. 하지만 의료 문제를 인식하는 방식을 보면, 기획 입안자가 다른 사람에게 전해 듣거나 억측하는 일이 꽤 많습니다. 의료 실무에 종사하려면 반드시 국가자격이 필요한데 의사를 필두로 한 자격 소지자는 일상 업무에 쫓기느라 다양한 고민을 할 여유가 없습니다. 기획을 통째로 입안하기 어렵지요. 그렇지만 의사 같은 의료인을 팀 멤버로 넣는 등 주체적으로 현장에 관여할 수 있는 인재를 포용하는 건 중요합니다.

현장 발상의 중요성

또 하나 안타까운 일은 저와 같은 의료·개호 전문직 종사자들이 현장에서 경험을 쌓던 도중, 거대한 문제에 직면하면 현장을 떠나는 일입니다. 물론 회사 규모가 커지면 관리와 영업도 해야 합니다. 할 일이 늘어나기 때문에 한없이 현장만 고집할 수는 없습니다. 그렇다고 현장을 완전히 떠나 버리면 현장 사람에게 보내는 메시지에 힘을 싣기 어렵습니다.

얼마 전 의료 컨설턴트의 이야기를 들을 기회가 있었습니다. 격변하는 업계에서 어떤 경영 전략을 세울 것인가 하는 내용이었지요. 요즘 트렌드도 잘 파악해서 재미있게 이야기를 이끌었습니다. 공감 가는 부분도 많았습니다. 그런데 그분이 강연 도중에 말했습니다.

"저는 이제 이런 현장(문제가 산더미 같은)을 떠나서 속(컨설턴트가 되었으니)이 시원합니다만."

아마 말실수였을 테지요. 하지만 열심히 듣던 참가자의 열기가 싹 식는 걸 느낄 수 있었습니다. 이래서야 아무리 좋은 얘기를 해도 평론가들처럼 피상적인 내용이 되어 버립니다. 사람 마음을 움직일 수 없습니다. 무언가 문제점을 느끼고 주위 사람들에게 그 생각을 퍼뜨리고자 한다면, 많은 사람을 운동에 끌어들여야만 합니다. '끌어들이는 힘'을 가지려면 일종의 연대감이 필요하지 않을까요? 같은 현장에 있으며 많은 사람이 실감하는 문제를 함께 통감한다는 메시지를 주어야 하는 것이죠.

'끌어들이는 힘'

최첨단 의료를 추구하면서 환자와 마주할 시간도 확보

제가 미래에 어떤 모습일지 모르겠습니다. 개인적으로는 의학부 교수가 임상에 관여하는 방식을 떠올립니다. 의학부 교수는 조직 속에서 임상, 교육, 연구를 총괄해야만 합니다. 그러한 교수에게 사회는 이상적인 모습을 기대하지요.

월요일 제1 진료실은 통상 교수 외래일 때가 많습니다. 격무에 시달리면서도 오전 3시간은 틈을 내어 환자를 만나는 일은 교수가 교육적 역할을 다한다는 의미로도 아주 중요하다고 생각합니다.

저의 은사는 마쓰다 히카루 선생님입니다. 뇌사이식법이 제정된 후, 제1외과 교수로서 1999년 2월에 처음으로 뇌사자 심장이식을 집도했지요. 당시 매스컴에서 열광적으로 보도했습니다. 당시에는 뇌사 이식 재개를 앞둔 시점인 데다가 국립대학 교수로서 해야 할 역할도 많은 분이었습니다. 그야말로 눈코 뜰 새 없는 시기였을 텐데 그 3시간은 빠짐없이 환자를 진료했습니다. 대학원생 시절에 몇 번이나 교수님의 외래 진료를 보조했습니다. 실은 대학원생의 의무였지만, 학생 시절에 동경하던 선생님이었기에 진료하는 모습을 감동하며 바라보았답니다.

문제 해결 노력은 현장에서

아주 인상적인 에피소드가 있었습니다. 소아순환기계가 전문이셨던 마쓰다 선생님께서 수술한 어린 환자들이 대학생이나 고등학생으로 성장해서 해마다 한두 번씩 통원하는 경우가 많았습니다. 그런 환자 중 한 사람을 진료할 때였습니다. 사춘기인 환자 본인은 부끄러움 때문인지 미묘한 표정을 지었지만 따라온 부모는 거듭 고개를 숙이며 고마워했습니다. 선생님은 빙그레 웃으며 받아들였고 저는 그런 모습을 보며 가슴이 벅차올랐습니다. 환자가 나간 후에 선생님이 말씀하셨습니다.

"하자마, 우리 외과의는 이렇게 환자들한테서 기운을 받는군."

저는 그분에게서 의료인의 미래상을 보았습니다. 그런 분이 일본 의료 과제 중 하나로 손꼽히던 뇌사자 이식 재개를 위해 노력했습니다. 그렇기에 의국 구성원은 말단이었던 저까지 포함해서 하나가 될 수 있었다고 생각합니다. 그리고 동그라미는 의국에서 주위로, 다시 국민으로 퍼져 나가 뇌사자 이식이라는 새로운 의료가 보험 적용을 받는 데까지 이르렀다고 생각합니다.

이 책을 읽는 여러분 중에는 약사가 직면한 문제를 진지하게 고민하고, 뭐든 해 보려고 움직이는 분도 많을 것입니다. 부디 현장을 포기하지 말고, 조금이라도 좋으니 현장에 몸담은 채 그 문제의 핵심 구조를 주목하시기 바랍니다. 그리고 정보와 해결책을 발신해 주시기 바랍니다.

진짜 의료붕괴 =
약 남은 줄 모르고 처방하는 의사

4

남은 약이라는 의료붕괴!?

의료붕괴라는 말을 여기저기서 듣습니다. 이 말은 도쿄 도라노
몽병원 비뇨기과 고마쓰 히데키 선생님이 저서 제목으로 쓰면서
널리 알려졌습니다. 의료 현장의 온갖 피폐가 떠나 버리는 방식의
태업으로 이어지고, 최종적으로는 지역 의료의 인적 자원이 고갈되
어 의료가 붕괴한다는 뜻으로 쓰였지요. 당시에 저도 외과의로 근
무하며 의료사고와 의료소송 문제 그리고 좀 특이한 행동을 하는
환자와도 조우했습니다.

상황은 이렇게 획기적인 것만 있지는 않습니다. 두드러지지는
않지만 심각한 의료붕괴를 조금 다른 면에서 느꼈습니다. 바로 고
령자의 외래·재택 의료에서 끊이지 않는 '남은 약' 문제입니다.

54

두드러지지 않는, 하지만 심각한 문제

'남은 약' 문제는 약사가 재택 활동을 활발히 벌이면서 표면화되었습니다. 저도 환자 집에 찾아갔을 때 본 적이 있습니다. 평소 진찰하는 곳과 다른 방에 약봉지가 산더미처럼 쌓여 있었지요. 개호 시설에 입소할 때도 마찬가지입니다. 담당 의사의 처방 내용대로 약을 복용하지 않고 대량으로 남겨 가져오기도 합니다.

요즘에는 약사가 재택 의료에 참가하는 예를 여러 방면에서 볼 수 있습니다. 좋지 않은 시선도 있지요. '약을 받아 오기만 해도 된다면 헬퍼나 가족이 가지러 가겠다'든가 '약 배달만 하면서 재택 요양 관리 지도 점수를 딸 수 있다니, 납득할 수 없다' 같은 이야기입니다. 그에 대한 반론도 있습니다. 남은 약을 발견해서 처방을 조정하고 제안하면 남용을 방지할 수 있고 따라서 경제 효과도 얻을 수 있다는 입장입니다.

일본 약사회가 전국 규모로 실시한 조사도 이러한 입장을 뒷받침합니다. 조사에 따르면 상당수의 환자가 약을 다 먹지 않고 남기거나 먹는 걸 잊으며, 그 총액이 474억 엔이나 된다고 합니다. 만약 약사가 개입하면 그중 424억 엔(89.4%)을 절약할 수 있다고 보고했습니다(그림 7). 의료비 대책이 중요한 과제인 일본에서 이 자료는 충격이 매우 큽니다. 텔레비전 뉴스를 비롯해 각종 언론에서도 다뤘습니다. 실제로 조제 수가를 개정할 때도 이 자료를 바탕으로 했

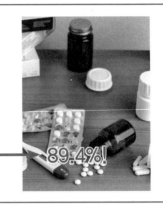

먹다 남은 약/ 먹는 걸 잊은 약
14.7%(외래)
7.3%(병원)

약사 개입으로 474억 엔 중
424억 엔은 줄일 수 있음

89.4%!

그림 7 남은 약은 일본 전체에서 474억 엔

습니다. 약사가 재택 의료에서 담당하는 역할을 어느 정도 인정한 셈이죠.

이후 고령화가 진행됨에 따라 지역 의료 현장이 의료기관에서 집과 돌봄 시설로 옮겨 간다면 남은 약 문제는 더욱 커질 것이며 그 액수도 치솟을 테지요. 물론 걱정스러운 일이지만 남은 약에는 더 큰 문제가 있습니다.

의사가 실행하는 PDCA 사이클의 근저가 뒤집힌다

의료뿐 아니라 우리가 살아가는 데도 돈은 소중합니다. 하지만 때와 장소에 따라서 '돈 문제가 아닌' 경우도 있습니다. 전에 'Priceless'라는 말을 인상적으로 쓴 텔레비전 광고가 있었습니다. 축구공 얼마, 유니폼 얼마, 하지만 가족이 월드컵을 즐기는 건 'Priceless'라는 문구였습니다. 딱 그런 느낌입니다. 남은 약은 금액도 무시할 수 없지만 훨씬 중요한 문제를 나타냅니다.

의사가 환자를 진찰할 때 우선은 머릿속으로 지난번 처방을 떠올립니다. 환자가 힘들어하는 증상과 상태가 개선되었는지를 체크하면서 문진, 시진, 촉진, 청진을 합니다. 만약 자각증상과 이학적 검사˚ 결과가 개선되었다면 그전까지 행한 치료 계획에 일정 효과가 있었다고 판정하고 기본적으로 그전 처방 내용을 그대로 반복합니다. 이때는 의무기록에 '전처방 동일'이라고 적습니다.

환자 상태와 증상이 좋아지지 않았을 때는 처방을 바꿔야 하지요. 제가 환자를 진찰할 때 항상 마음에 새기는 격언이 있습니다. "같은 일을 하고 다른 결과가 나오기를 바라는 것을 광기라고 부른다."라는 말입니다. 환자 상태가 나아지지 않았는데 처방 내용을 바꾸지 않고 다음 진찰 때는 나아져 있기를 바란다면 정상이라 할 수 없습니다. 환자를 치료하기 위해서는 처방 내용을 바꾸어야 합니다. 환자의 현 상태를 바탕으로 지난번까지 처방한 내용을 몇 번

˚ 사진, 촉진, 타진, 청진 등으로 환자의 이상유무를 조사하는 검사법

씩 곱씹으며 검토합니다. 그러고는 투여량을 가감하거나 투여 방법 혹은 약을 변경합니다. 이렇게 해서 환자 상태를 보다 나은 방향으로 이끄는 것입니다.

약물치료 계획이 실행되지 않는다

의료뿐 아니라 업무를 더 좋은 방향으로 이끄는 방법으로써 'PDCA 사이클'이라는 개념이 자주 쓰입니다. Plan, Do, Check, Act라는 네 가지 단계를 한 사이클로 하여 이것들을 반복하며 결과를 개선하는 것이지요. 예를 들어 제품 제조 라인에서 불량품이 나온다고 하면 이 문제를 해결하기 위해서는 가설을 세우고 개선책을 입안하고Plan 실제로 개선책을 실행Do합니다. 일정 기간 개선책을 현장에 적용한 후, 불량품이 나오는 비율이 줄었는지 아닌지를 검사Check하고 예정대로 되지 않는 부분을 수정하고 개선하는Act 것입니다.

그러면 의료에서 PDCA 사이클은 어떤 것일까요? 환자를 진찰하고 나서 치료 계획을 입안하고Plan 실제로 외과적·내과적 치료를 행하며Do 그 후의 경과를 확인Check하여 치료법에서 상정한 대로 진행되지 않는 부분을 수정하고 개선하는Act 것입니다.

이 PDCA 사이클이 돌아갈 때는 현장에서 올바른 근거를 제시해야 합니다. 의료로 치면 그전 처방 때 계획한 치료가 어느 정도 정

확하게 실행되고 있는가 하는 점입니다. 약이 남아 있다는 건 의사
가 계획한 약물치료가 제대로 실행되지 않는다는 뜻입니다. 경우
에 따라서는 전혀 행해지지 않는다는 말입니다.

지역 의료·재택 의료에서 약사에게 요구되는 것은?

5

쌓기형이 아니라 역산형으로도 생각한다

앞으로 약사와 약국의 바람직한 모습, 지역 의료·재택 의료에서 요구되는 역할을 생각할 때 '쌓기형'과 '역산형' 두 가지 접근법을 생각해 보면 어떨까 합니다.

쌓기형은 약사 업무를 더욱 진화·심화시키면서 고민하는 방식입니다. 말하자면 예사롭고 상식적이라고 할 수 있는 방식인데, 때로 큰 비약이 요구되는 약사의 직무 수행 능력을 확대하고 약국의 기능을 확장한다는 주제에 이르면 벽에 부딪힐 가능성이 있습니다. 한편 역산형은 일본 의료 전체가 안은 문제점을 인식하는 데서 시작합니다. 해결하는 방책 혹은 문제가 해결된 후 일본의 모습을 그리고 이를 위해 약사가 해야 할 행동과 역할을 거꾸로 고민하는 것입니다.

역산형의 이점

역산형 방식에는 몇 가지 이점이 있습니다. 하나는 비교적 쉽게 논리 비약을 일으킬 수 있습니다. 약학 교육이 6년제로 바뀌고 새로운 교육 과정을 통해 새로운 약사의 존재 방식을 실현하려 합니다. 물론 약사의 업무를 '조제, 의약품 공급, 그 밖에 의약품 관련 위생'이라고 정한 약사법 제1조는 바뀌지 않았습니다. 하지만 조제 장소를 정하거나 정보 제공과 약학적 지도 의무를 정한 조항은 조금씩 바뀌었습니다. 약사 업무에 대해서는 2010년 4월 30일에 후생노동성 의정국장 통지로 공동 약물치료관리 같은 개념을 제시했습니다. 2013년도 '후생노동 과학연구비 보조금'*에서는 '약국에 요구되는 기능과 바람직한 모습' 같은 보고서도 나왔습니다. 이들은 이전과는 다른 약국과 약사 모습을 제시했습니다.

그야말로 논리의 비약을 요구합니다. 현실에서 가능한 일을 쌓아 올려 탈 없이 진화를 이루면서도, 경우에 따라서는 모든 가능성을 배제하지 않고 처음 이론으로 돌아와서 약사의 이상적인 모습을 그려 보는 일이 중요합니다.

---

* 과학적 근거에 입각한 행정 시책을 펼치기 위해 산관학 각 분야가 협력하여 연구할 수 있게 지원하는 제도. 2010년에는 472억 엔을 들여 1,500개 이상의 연구를 지원했다.

국민적 논의로 발전할 가능성도

또 다른 이점은 약사와 약국의 존재 방식이 약사만의 문제로 그
치지 않고 의사와 간호사를 포함한 의료인 전체, 때에 따라서는 국
민 전체를 참여시키는 논의로 발전할 가능성이 높다는 점입니다.
저는 최근 몇 년 동안 '약사의 직무 능력 확대와 약국의 기능 확장'
이라는 주제가 약사만의 문제로 치부되는 것은 아닌가?' 하는 안타
까움을 느꼈습니다. 만약 그렇다면 약사와 약국의 변혁은 '찻잔 속
의 폭풍'으로 그치고 지역 의료 변화로 이어질 수 없습니다.

잘 생각해 보면 의료행위에서 외과 치료와 침습적 검사 비율은
그리 크지 않습니다. 대부분은 약물치료입니다. 더구나 고령화가
진행된다는 것은 약물치료 적용 환자가 늘어난다는 말입니다. 이
는 곧 인지기능 저하, 복수 질환 병존, 간·신장 기능 저하 등 여러
가지 이유로 환자가 의사 말을 따르지 않거나 적극적으로 치료에
임하지 않게 된다는 뜻입니다. 자연히 적정 용량과 용법을 선택하
기 어려워지겠지요. 그런 상황에서 법률상 유일한 약 전문가인 약
사, 그리고 거점인 약국의 변화는 아주 큰 의미를 갖지 않을까요?

직무 능력 확대는 목적이 아니라 의료 문제 해결의 결과

역산형 사고는 일본 전체가 갖는 의료 문제의 해결책을 모색하
는 것이고 그 과정에서 약국과 약사의 존재 의미를 국민 모두가 고

민하는 것입니다. 이것은 나아가 지역 의료 변화로 이어질 것입니다. 약사의 직무 능력 확대와 약국의 기능 확장은 목적이 아니라 결과입니다. 쌓기형이 아니라 역산형으로 생각하는 것은 이를 혼동하지 않기 위해서도 중요한 점이 아닐까요?

지역 포괄 케어라는 키워드

그런 의미에서 근래에 정부가 자주 언급하는 '지역 포괄 케어' 개념을 약사가 이해해 두어야 합니다. 약사에게는 아직 친숙하지 않은 용어일 테지요. 하지만 가까운 미래에 약사와 약국에게 요구될 역할, 해야 할 역할을 생각할 때 중요한 부분입니다.

우선 이 키워드가 나온 배경에는 몇 가지 이유가 있습니다. 하나는 앞서 말했듯이 일본이 세계에서 유례를 찾아볼 수 없는 초고령사회에 돌입한 점입니다. 그런 의미에서 특수한 국가라 할 수 있습니다. 의무건강보험제도라는 특징적 사회보장제도를 갖추고 세계 최고 장수를 달성한 특수한 환경에서 우리 의료인은 날마다 업무를 해냅니다.

제도 설계의 한계를 넘은 질병 구조 변화

일본은 1960년대 후반 고도 성장기를 맞았습니다. 지금 우리가 활동하는 보험 의료 제도는 그때 설계된 제도에 기반을 두었습니다. 그 시대에는 감염증과 위궤양, 뇌졸중 같은 급성 질환이 많았고 의료행위와 약제에는 그만큼 비싼 비용이 들지 않았습니다. 한편으로는 일하는 세대가 극히 많은 시대였습니다.

지금은 어떨까요? 아시는 대로 고혈압과 당뇨병, 이상지질혈증 같은 생활습관병과 암이 많습니다. 그리고 최근 몇 년은 우울증, 조현병, 인지증 등 만성병자가 대부분을 차지하고 있습니다. 또 의료 기술의 진보에 의한 장기이식과 삽관치료* 등 고도의 기술을 요하는 질병 치료도 늘어났습니다. 표적치료 항암제와 생물학적 제제 등 지금까지 없던 고기능 약제도 개발·임상 응용되고 있지요. 그런데 이것은 의료 비용의 고액화를 단번에 밀어붙입니다. 한마디로 말하면 '돈이 드는 의료'가 됩니다.

인구 구성을 보면 베이비붐 세대가 65세를 넘어서 전기 고령자가 되었습니다. 돌보던 세대가 돌봄을 받는 세대로 급속하게 전환했습니다. 이는 의무건강보험제도의 전제 조건이 변했다는 말과 같

---

* 말초혈관질환, 자궁근종, 정맥류, 간암 등의 질병을 수술하지 않고 치료하는 새로운 치료 방법

습니다. 이렇게 되면 직종별로 세분화되어 각 의료기관이 단독으로 행하던 종래의 의료 형태로는 대응하기 어렵습니다. 이 모든 걸 떠받치는 보험제도에 대해서도 재고할 필요가 생깁니다. 2000년에 시작된 개호보험제도는 그런 맥락에서 나왔다고 생각합니다.

임종의 장으로서 지역 의료 시스템

또 하나는 장기요양 및 임종의 장이 의료기관에서 집과 돌봄 시설로 바뀌는 흐름입니다. 고령화 진행에 따라 치솟는 의료비를 억제하기 위해 정부는 의료기관에서 집과 개호 시설로 옮길 것을 제창하고 있습니다. 이 흐름이 본격화되면서 입원 기간은 짧아지고 병상 수는 감소 일변도를 걷고 있습니다. 환자 중 다수가 집에서 장기요양을 하는 시대가 이미 도래했습니다. 그 도달점인 임종을 개호 시설이나 집에서 맞이하고 싶어 한다는 보고도 있습니다. 그렇지만 아직 환경이 정비되지 않아 불안해하는 면도 있지요. 멀지 않아 베이비붐 세대가 죽음을 맞는 시대에 돌입하면 이를 지탱해 줄 새로운 지역 의료 시스템이 필요합니다.

끝으로 앞서 말했듯 외래 환자 중 절반 정도는 고혈압, 당뇨병, 지질이상증을 앓고 있습니다. 병원과 의원에서 외래를 담당하는 의사의 업무 중 절반은 생활습관병 치료라고 할 수 있습니다. 생활습관병은 식습관·운동습관 개선과 함께 평소 체중과 혈압을 관리하고 약물치료를 합니다. 투약 내용은 정기적인 혈액 검사를 통해 조정합니다. 일본에서 앞으로 환자 수가 급속하게 증가할 것으로 예상됩니다. 그런데 의사가 담담하게 진찰과 혈액 검사를 반복하며 처방전을 발행하고 그에 따라 약사가 조제하는 형태가 최선일까요? 앞으로는 그런 형태를 최선이라 할 수 없을 겁니다.

지역 포괄 케어에서 무엇을 이루고 싶은가?

이런 배경에서 요구되는 새로운 사회보장제도의 형태가 지역 포괄 케어라고 불리는 것이 아닐까요? 예전과는 인구 구성과 질병 구조가 다른 초고령사회에서 국민의 건강생활을 확보할 수 있는 의료 제공 체제 구축을 목표로 의료·돌봄·복지 전문가가 기존 틀을 넘어서 연대하게 되지 않을까요? 그 과정에서 나타날 문제를 세 가지 들어 보겠습니다.

과제 I 의료와 개호, 사회사업, 생활 지원 등 포괄적 연대가 필요

'치료에서 개호로'라는 말처럼 의료는 몸 상태의 안정과 악화 예방 등 환자를 받쳐 주는 입장으로 변하고 있습니다. 그에 맞추어 일상생활 지켜보기·생활 보조·개호를 제공하게 될 테지요. 그때는 자택 요양뿐 아니라 유료 노인홈과 서비스 제공 고령자 주택 같은 시설에 '모여 살' 필요가 생깁니다. 또한 혼자 사는 사람과 가까이에 혈육이 없는 고령자의 주거 안정화를 위해서 물품을 제공하고 사법, 금융 같은 서비스도 제공할 수 있도록 사회 체제를 마련해야 합니다.

과제 2 의사 수를 늘리지 않고 환자 수 급증에 대처하려면 권한 양보, 각 직종의 전문성 발휘가 필요

동맥경화 요인이 되는 고혈압, 당뇨병, 지질이상증뿐만 아니라 초고령사회에서는 인지증(치매)가 급증하고 있습니다. 효과적·효율적 약물치료 체제를 여러 직종이 연대해서 구축해야 합니다. 또한 일상적으로 지켜보고 위험을 예지하며 급변할 때에는 대응 및 보조할 시스템을 정보 통신 기술을 활용하여 구축하게 될 것입니다. 더 나아가서는 '모여 사는' 고령자에 대한 의료 제공 모델을, 많은 서비스가 참여할 수 있는 진료·조제 수가, 개호 수가 제도와 연결하여 추진하게 될 터입니다.

과제 3 고령자의 건강수명 연장

금연과 로커모티브 신드롬(운동기능저하 증후군) 예방을 위해서는 대상 후보자를 선별하여 의료가 개입하고 점검하는 체계가 필요합

그림 8 약국은 편의점보다, 약국 약사는 의원 의사보다 많다
(후생노동성: 2012년 의사·치과의사·약사 조사 및 위생행정보고례*,
일본 프랜차이즈체인 협회: JFA편의점 통계 조사 월보, 2014년 3월부터 작성)

니다. 나아가 고령자가 주의해야 할 근육감소증이나 단백질 에너
지 영양실조Protein Energy Malnutrition** 등을 예방하기 위해 영양 평
가, 구강 관리, 먹거리 조달, 조리 등을 일체화한 돌봄 체계도 구축
하게 될 테지요. 한편 기능성 식품과 일반의약품OTC 적정 사용을

● 위생행정 운영의 기초 자료를 얻기 위하여 각 도도부현의 지정 도시 및 중심 도시에서 위
생 행정 실태를 파악하는 조사. 1년 혹은 격년 단위로 조사하며, 지정 도시 및 중심 도시의
장이 후생노동성에 결과를 제출한다.
●● 단백질과 열량 섭취가 부족한 상태

추진함으로써 셀프 메디케이션Self Medication, 즉 국민이 주체적으로 건강 관리를 하도록 요구하고 있습니다.

사회 자원인 약국·약사

고령화율이 25퍼센트를 넘은 일본에서 의료는 새로운 형태로 변화할 것을 요구받는 동시에 여러 문제에 직면했습니다. 이런 문제에 대응하려면 일본 의료에 무언가 커다란 영향을 주어야 합니다.

현재 약국은 편의점보다 많고 약국에 근무하는 약사는 의원에 근무하는 의사보다도 많습니다(그림 8). 일본의 의료·개호·복지에 관한 직종은 국민과 하나가 되어 여러 목표를 달성해 갈 것입니다. 지역 포괄 케어는 그 과정에 있으며 이를 통해 약국과 약사는 크게 변할 것입니다. 이렇게 거대한 사회 자원이 존재 방식을 바꾸면 일본 지역 의료에 주는 영향력도 엄청나지 않을까요?

약사를 둘러싼 환경 변화는
혁신할 기회이다

약학 교육이 변하고, 약학생의 의식이 변한다

1

약학 교육 6년제가 주는 영향

2006년부터 약학 교육이 6년제로 바뀌었습니다. 일본에서 6년 교육 과정은 의사, 치과의사, 수의사뿐이었는데 약사가 더해졌습니다. 약학 교육 6년제는 약학 100년의 비원悲願이라고도 할 수 있습니다. 메이지 이후 근대 국가의 길을 걸어 온 일본에서 약사가 의사 및 치과의사와 동등한 교육 과정을 갖게 된 것은 분명 큰일이라고 할 수 있지요. 약학 교육을 6년제로 바꿀 때 학교교육법과 약사법 이라는 두 가지 법률 개정이 필요했습니다.

2004년 5월 14일에 가결 성립된 개정 학교교육법에서는 약사 양성을 위한 약학 교육에서 종전에 4년이던 약학부 수업 연한을 6년으로 연장했습니다. 그 목적은 의료 기술 고도화, 의약 분업 진전 등을 배경으로 높은 자질을 가진 약사를 양성하기 위해서라고

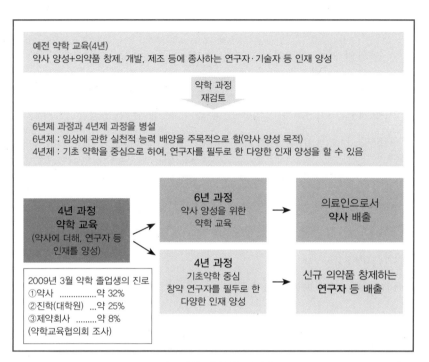

예전 약학 교육(4년)
약사 양성+의약품 창제, 개발, 제조 등에 종사하는 연구자·기술자 등 인재 양성

약학 과정
재검토

6년제 과정과 4년제 과정을 병설
6년제 : 임상에 관한 실천적 능력 배양을 주목적으로 함(약사 양성 목적)
4년제 : 기초 약학을 중심으로 하여, 연구자를 필두로 한 다양한 인재 양성을 할 수 있음

4년 과정
약학 교육
(약사에 더해, 연구자 등
인재를 양성)

6년 과정
약사 양성을 위한
약학 교육
→ 의료인으로서
약사 배출

4년 과정
기초약학 중심
창약 연구자를 필두로 한
다양한 인재 양성
→ 신규 의약품 창제하는
연구자 등 배출

2009년 3월 약학 졸업생의 진로
①약사 ....약 32%
②진학(대학원) ...약 25%
③제약회사 ....약 8%
(약학교육협의회 조사)

그림 1 약학 교육 재검토에 대해
(후생노동성: 2011년도 의약분업지도자협의회 자료, 2012년 4월 16일)

합니다(그림 1). 한편, 4년제 교육 과정도 남기기로 했습니다. 이것은 약사로서가 아니라, 약학 기초 지식을 지니고 사회 여러 분야에서 활약할 인재를 배출하려는 목적입니다.

학교교육법 개정에 따라 같은 해 6월 15일에는 약사 국가시험 수험 자격을 정한 약사법도, 기본적으로 6년 교육 과정을 수료한 자라고 개정했습니다.

부대결의*에 담긴 기대

법률의 일부 개정이 갖는 의미는 아주 중요하고 중대합니다. 법률 개정에는 중의원과 참의원의 가결이 필요하지요. 중의원과 참의원에서는 이 두 가지 법률을 놓고 각각 두 번씩 표결을 했는데, 여야당의 대결 없이 가결되었습니다. 이로써 약사는 임상 현장에서 더욱 활약하고 의료의 질적 향상을 떠받치는 직종이 되었습니다. 그리고 이것을 국민 모두가 인정한 셈입니다. 비약적인 지위 상승이지요. 그런데 흥미롭게도 중참 양원 모두 부대결의라는 것을 했습니다.

학교교육법 개정안에 대해서는 중의원 문부과학위원회와 참의원 문교과학위원회에서 다음 사항을 요구했습니다. 장기 실무 실습 실시와 그에 맞춘 공용시험 실시, 약학 교육 제3자 평가, 나아가서는 4년제 약학 교육을 받은 약사가 평생교육을 충실히 할 수 있도록 배려·유의할 것 등입니다.

약사법 개정안에 대해서는 중의원 후생노동위원회와 참의원 후생노동위원회에서 다음과 같이 요구했습니다. 실무 실습을 지도할 약사 양성, 졸업 후 교육의 하나로서 실무 연수를 충실히 하는 한편 개선할 것, 다방면에서 의약 분업 촉진, 단골약국 보급 등을 추진하

● 의원이 표결에 조건을 붙여서 찬성이나 반대의 의견을 표시하는 것

는 것입니다.

이들 부대결의는 현재 약학 교육에 있어 장기 실무 실습 정비와 객관적 임상실기시험OSCE: Objective Structured Clinical Examination, 일반 사단법인 약학교육 평가기구 및 공익 사단법인 약사인정제도 인증 기구 등에 의한 약학 교육과 약사 평생교육 등으로 이어집니다.

4년제 졸업 약사도 '6년제 졸업으로 간주'

더욱이 기존 4년제 약사에게는 약사 면허 갱신제가 아니라 충실한 평생교육을 요구하는 점도 눈여겨보아야 합니다. 즉 4년제 교육을 받은 현재 약사도 법률적으로는 '6년제 졸업으로 간주'하는 것입니다. 이로써 적어도 대학 교육에 있어서는, 의사와 같은 무게를 가진 의료 직종이 불쑥 나타났다는 충격 효과가 있지 않을까요? 현재 일본의 의료 문제를 해결할 큰 가능성이 약사에게 있다고 느끼는 이유가 이 약학 교육 6년제라고 봅니다.*

---

* http://www.nichiyaku.or.jp/contents/kyoiku/k040615.html (이에 대한 자료는 일본 약사회 홈페이지를 참고하시기 바랍니다)

약사의 꿈을 담은 6년제

약학 교육 6년제 이행은, 물론 우여곡절을 겪었을 테고, 그렇기에 더욱 약학 100년의 비원이라고도 했을 것입니다. 그렇지만 실제 시작할 때는 어려운 일이 많았을 테지요. 2004년 전반에 학교 교육법과 약사법을 개정하고 겨우 1년 반 지난 2006년도부터 새로운 교육 과정으로 신입생을 맞이했습니다. 현장에서는 일시적이긴 해도 혼란을 겪지 않았을까요?

핵심 교육 과정의 불분명함

2006년 10월 가나자와에서 제16회 일본 의료 약학회 모임이 열렸습니다. 마침 6년제 1기생이 입학한 지 반년 지난 시기이기도 해서 약학 모델·핵심 교육 과정에 대한 심포지엄을 열었습니다.

토론자들은 모델·핵심 교육 과정으로 제시된 항목을 충족시켜 나가려 할 때 어떤 어려움이 따를지에 대해 활발하게 의견을 나눴습니다. 늘 그렇지만 새로운 제도가 시작될 때는 이야기 방향이 좀처럼 밝은 쪽으로 나아가지 않습니다. '어려움은 산더미 같지만 모두 함께 힘내 봅시다.'라는 방향으로 끌고 갈 수 있으면 그나마 합격점입니다. 그러한 흐름 속에서 각 토론자는 경험을 바탕으로 어떻게든 전망을 열어 보고자 했습니다. 다만, 약학 교육과 직접 관련은 없지만 개운치 않은 인상을 받았습니다. 약사의 역할이 크게 변할 기회이고 약학 100년의 비원을 달성했는데 그에 비해 토론 내용이 가슴에 와 닿지 않았습니다.

"약학 교육 6년제에 꿈을 담았습니다."

그런 때 6년제 약학 교육 모델·핵심 교육 과정 책정에도 관여하고, 당시 고베약학대학 교수이던 히라이 미도리 선생님(현 고베대학 의학부 교수)이 발언했습니다. 그 말씀이 제 가슴에 와서 박혔습니다. 히라이 선생님은 토론이 오가는 가운데 "항목 하나하나를 해결해 가자는 논의도 중요하지만, 약학 교육 6년제는 우리 세대 약사의 꿈을 담은 것입니다. 그걸 부디 가슴에 새겨 주시기 바랍니다."라고 말씀하셨는데 저는 그 말에 묵직한 돌덩어리가 사라진 기분이었습니다.

메이지 이후 사회적 배경과 의사와 약사의 관계 등을 포함해서 보기에 따라 약사는 불운한 시기를 보냈는지도 모릅니다. 히라이 선생님도 그 시기에 약사로 보냈고 도중에 의사 면허를 딴 뒤에도 약사로서 활동하며 여러 가지를 느꼈을 것입니다.

그런 시대를 보낸 선생님들이 '약사 능력이 이 정도일 리 없어.' '훨씬 의료의 중심에서 활약할 수 있을 거야.' '그러기 위해서는 약학 교육을 6년으로 연장하고 더욱 충실하게 만들어 가자.'라는 논의를 하면서 모델·핵심 교육 과정을 만들었을 테지요. 약학 교육 6년제는 그저 법률이 바뀐 게 아닙니다. 약학 선배들의 꿈이 담긴 '뜨거운 제도'라고 생각합니다.

모든 것이 변하고 있다

또 하나 6년제 약학 교육에 대해 깊은 인상을 받은 일이 있습니다. 2011년 여름에 어느 약과대학에서 6년제 교육을 받은 약사 대상으로 앞으로 약국과 약사가 해야 할 역할에 대해 이야기할 기회가 있었습니다. 일찌감치 도착한 저는 함께 점심을 먹은 뒤 잠시 대학을 견학했습니다. 신축 교사에는 실무 실습을 위한 여러 가지 설비가 늘어서 있었습니다. 한 방에는 활력 징후 모의실험장치가 몇 대나 놓여 있고, 그 옆에는 실습용 청진기가 수북했으며 산소 포화도 측정기와 혈압계도 잔뜩 준비되어 있었습니다. 한순간 의학부나 간호학부 강의실로 착각할 정도였습니다.

가르치는 방법 중 어떤 걸 바꾸었느냐고 물었더니

시대가 많이 변했다고 생각하면서 걷다가 안내해 주는 선생님께 불쑥 "4년제에서 6년제로 교육 과정이 바뀌고 나서 가르치는 방법

은 어떤 걸 먼저 바꾸었습니까?"라고 물었습니다. 그 선생님은 휙 돌아보더니 저를 똑바로 쳐다보며 이렇게 말했습니다.

"하자마 선생님, 모든 걸 바꾸었습니다!"

임상 교육에 힘을 쏟는다거나 학구적인 사고를 가진 약사를 육성하려 한다거나 그 정도로만 생각한 저로서는 전혀 예상치 못한 대답이었습니다. 물론 약리학 이론이 바뀌진 않았지만 6년제 약학 교육에서는 교육 배경, 방법, 내용 등 모든 것이 바뀌었다는 걸 새삼 느꼈습니다. 그리고 그 기초가 되는 모델·핵심 교육 과정에 약사의 꿈이 담겼다면 약학생은 그 꿈을 담을 수 있는 경험을 하고 있을 거라며 감동했습니다.

교육이 바뀌면 약사가 바뀐다

여기에는 큰 의미가 있습니다. 약학부는 주로 이과 계열 학생이 입학하는 학부입니다. 의학부, 치학부, 간호학부도 그렇습니다. 학생이 대학 교육 과정을 끝낸 다음 약사가 되고 의사, 치과의사, 간호사가 됩니다. 즉, 고교생이 이쪽에서 들어와 약사가 되어 저쪽으로 나가는 블랙박스 같은 것이 약학 교육이라고 볼 수 있습니다.

이 교육 과정이 4년제에서 6년제로 바뀌었습니다. 그 선생님 말대로 단순히 2년 늘어난 것이 아니라 '모든 것을 바꾸었다'고 하면, 이 블랙박스를 통과한 고교생은 모든 것이 바뀐 약사가 되었다고 말할 수 있지 않을까요? 여기에 약학 교육 6년제가 갖는 큰 영향력의 원천이 있다고 생각합니다.

아름다운 오해

2012년 4월에 새로운 약학 교육을 받은 약사가 세상에 나왔습니다. 그 뒤로 벌써 3년이 지났습니다. 현장에서 그러한 약사와 접하는 사람도 많을 텐데, 어떻게 느끼고 있을까요? 저는 '역시 6년제야.'라는 생각도 들지만 '별로 다를 게 없네.' 싶은 점도 있다는 걸 실감합니다. 그런데 한편으로 커다란 현상이 발생한 것 같습니다.

6년제 교육을 받은 약사는 '아름다운 오해'를 한다는 점입니다.

앞서 말했듯이 선배 약사와 교육자의 꿈이 담긴 교육 내용을 학생다운 솔직함으로 마음에 간직한 게 아닐까요? 즉 '약사는 독립성을 갖고 그 전문성을 살려서 임상 현장에서 널리 활약한다.' '약사는 기본적으로는 의사와 대등한 입장이고, 더 좋은 약물치료를 실현하기 위해서는 활발하게 의견을 교환해야 한다.' '약사는 환자에게 다가가 소통하면서 의료인으로서 활동한다.' 같은 이미지를 갖고 있는 게 아닐까 합니다. 이것은 약학 교육 6년제가 이끌어 낸 '아름다운 오해'라고 생각합니다.

그 오해는 옛날 나의 꿈이었지 않나?

그런데 조금 걱정스러운 점이 있습니다. '아름다운 오해'를 가진 약사들을 현장에서 활동하는 기존 약사가 짓밟지는 않을까요? "사회는 그런 데가 아니야." "그건 이상론일 뿐, 현실은 그렇게 잘 풀리지 않아." "쓸데없는 소리를 하면 의사랑 관계가 틀어져." 하는 식으로 말입니다.

실제로 꿈과 희망을 갖고 취직했지만 직속 상사가 그럴듯한 말로 구슬리거나 때로는 엄하게 꾸짖어서 의기소침해진 약사 이야기를 이따금 듣습니다. 지금 일본 의료업계 사람들은 '아름다운 오해'에 편승해야 한다고 생각합니다. 현재 약사가 놓인 환경과 상황에 비추어 보면 새로운 교육을 받은 약사가 하는 말은 분명히 이상론이고 꿈같은 이야기일지도 모릅니다. 날마다 업무로 만나는 의사와 간호사, 환자가 그런 사고방식을 받아들이지 않을 거라 생각할 수도 있습니다.

그렇지만 잘 생각해 보시기 바랍니다. 젊은 약사가 말하는 바람직한 약사의 모습은 옛날에 자신이 꿈꾸었던 게 아닌지를. 예전에는 도저히 말할 수 없었던 약사 본연의 모습과 업무의 의의에 대해 이제는 대등한 입장에서 의사와 약사에게 말할 만한 실력이 있다는 사실을.

제1조가 나타내는 것

의사, 치과의사, 약사는 직종의 목적이 모두 같습니다. 각 법의 제1조에서 '공중위생 향상 및 증진에 기여하고, 이로써 국민의 건강한 생활을 확보하는' 사람이라고 규정되어 있습니다(그림 2). 물론 방법론으로는 각 역할이 다르므로 전문성에 따라 각 학부 교육을 받게 됩니다.

일본은 말할 필요도 없이 법치국가입니다. 법률에 의한 규제와 규정이 다른 직종에 비해 엄격한 의료 영역에서 이 법률이 갖는 의

약사는 조제, 의약품 공급, 그 밖의 약사(藥事) 위생을 담당함으로써 공중위생 향상 및 증진에 기여하고, 이로써 국민의 건강한 생활을 확보하는 자이다. (약사법 제1조)

의사는 의료 및 보건 지도를 담당함으로써 공중위생 향상 및 증진에 기여하고, 이로써 국민의 건강한 생활을 확보하는 자이다. (의사법 제1조)

치과의사는 치과의료 및 보건 지도를 담당함으로써 공중위생 향상 및 증진에 기여하고, 이로써 국민의 건강한 생활을 확보하는 자이다. (치과의사법 제1조)

그림 2 의사법, 치과의사법, 약사법의 제1조

미는 아주 큽니다. 약사법 제1조를 볼 때마다 약사는 애초에 의사와 치과의사와 마찬가지로 의료에 있어 독립된 존재로서 스스로 전문성을 살리고 국민이 건강한 생활을 할 수 있도록 지탱해 주는 존재였다는 걸 새삼 인식합니다. 약학 교육 6년제가 갖는 의미는 단순히 교육 기간이 2년 길어졌다는 뜻이 아니라 그 법률적인 근거로 돌아가서 직무 능력 자체를 다시 생각할 만큼 큰 변혁이 아닐까 생각합니다.

갓 졸업한 약사가 변하고,
기존 약사가 변한다

2

약사는 반드시 변한다

새로운 교육 과정을 거친 약사가 현장에 나오기 시작했을 때, 메이지약학대학 명예교수 오가타 히로야스緒方宏泰 선생님과 이야기할 기회가 있었습니다. 어느 회의가 끝난 뒤, 함께 밥을 먹으면서 이야기를 들었는데 오가타 선생님은 "약사는 반드시 변해요."라고 말씀하셨습니다. 당연하다는 생각으로 고개를 끄덕이고 있는데, 선생님은 이렇게 말을 이었습니다. "1년에 8000명 약사가 배출된다 생각하면, 10년 후엔 8만 명이나 되는 6년제 약사가 현장에 나오는 거예요."라고.

보고에 따르면 현재 약국에서 일하는 약사가 약 15만 명, 병원에서 일하는 약사가 5만 명이라고 하니, 8만 명은 엄청난 숫자입니다. 매년 8000명이란 숫자는 조금 적게 잡은 듯하지만 그래도 상당한 숫자의 6년제 약사가 현장에 나온다는 얘기입니다.

'아름다운 오해'가 당연한 일이 될 때

지금까지와는 전혀 다른 교육 과정을 거쳐 모든 것이 바뀐 약사가 현장에 나왔을 때, 처음에는 역시 당황스럽겠지요. 주위에는 옛날 약학 교육을 받은 약사 투성이입니다. 자신의 '아름다운 오해'는 그야말로 상식 밖이며 황당무계한 일처럼 느껴질 테지요. 그러면 생각하게 됩니다. '정말로 나는 오해하고 있었나?'라고요.

일상 업무에서도 그렇습니다. 약학 교육을 받고 국가시험 공부를 했으니 약 이름과 용법용량, 효능 및 효과, 부작용 등에 대한 지식은 있습니다. 그것을 일상적인 임상 업무 속에서 얼마만큼 효과적으로 활용할 수 있을까요? 아무래도 1년차한테는 어려울 테지요. 그런데 선배들은 그 일을 척척 해냅니다. 그런 모습을 보면 '역시 내가 잘못 생각했어. 주위에서 말하듯이 일단은 예전 방식대로 일을 해낼 수 있게 하자.'라는 생각을 합니다. 이것은 아주 흔한 흐름입니다.

그렇다 해도 10년 지나면 8만 명으로 늘어납니다. 더구나 사람은 반드시 나이를 먹고, 개인차는 있을지언정 언젠가는 현역에서 물러납니다. 그렇다면 약사 중에서 6년제 약사 비율이 급속히 높아지는 시기가 올 테지요. 추월 지점을 맞이하게 될 것이 분명합니다.

떠 있는 사람, 가라앉은 사람

저는 재택 의료 영역에서 약사가 어떤 역할을 해야 하는가를 주제로 한 일본재택약학회라는 일반사단법인에서 이사장을 맡고 있습니다. 이 학회에서는, 약사를 대상으로 한 바이털 사인 강습회를 2009년부터 개시했습니다. 지금은 약학 교육에서도 바이털 사인을 가르칩니다. 당시에는 약사가 남의 몸을 만지는 건 위법이라는 생각이 뿌리 깊었던 탓인지 강습회에 참가하는 분은 아주 적었고 모두 특별한 분이었습니다.

그런 분들과 접하면서 어떤 공통점을 깨달았습니다. 바로 '직장에서 떠 있는 사람'입니다. 참가한 분들이 이 표현을 재미있어해서 항상 웃음이 일었는데, 그런 이야기를 하고 있을 때 어떤 수강생이 이렇게 말했습니다.

"하지만 선생님, 떠 있는 사람이 절반을 넘으면 나머지는 가라앉아 있는 게 되네요."

과연, 맞는 말이라고 생각했습니다. 지금 6년제 교육을 받은 약사는 각자 직장에서 떠 있을지도 모릅니다. "네 말은 이상론이지만 현실은 달라."라는 충고를 받고 있을지도 모릅니다. 그런데 새로운 교육을 받은 약사가 10년에 8만 명이 현장에 나온다면 어떻게 될까요? 나머지, 옛날에 4년제 교육을 받고 예전에 하던 대로만 하려고 하는 약사는 '가라앉은 사람'이 될지도 모릅니다.

사람은 본능적으로 변화를 싫어한다

사람은 본능적으로 변화를 싫어합니다. 저도 그렇습니다. 할 수만 있다면 지금까지 해 온 대로 오랜 시간(이라고 말할 만큼 길지 않아도, 어느 일정 기간) 해 온 방법을 바꾸고 싶지 않다고 가끔 생각합니다. 그것이 출퇴근 때 다니는 길이거나 아침밥 메뉴, 목욕탕에서 몸을 씻는 순서처럼 개인적인 일이라면 기호의 범주에 들어가겠지만 의료 본연의 자세나 약사가 일하는 방식처럼 사회에 관한 내용일 때는 이야기가 달라집니다.

세상은 하루하루 진보한다고 늘 생각합니다. 여러 가지 상황과 환경, 기술은 계속 진보하고 세상은 점점 편리해집니다. 25년 전에 제가 운전면허를 땄을 때만 해도 고속도로 전자결제시스템은 꿈같은 이야기였습니다. 톨게이트에서 돈을 내지 않고 통과하고 다달이 정산하다니요! 당시에는 톨게이트에서 차가 막히는 건 흔한 일이었고 당연한 일이었습니다. 휴대전화는 눈부시게 진화했고 편의점에 가면 술도 팔고 ATM도 있습니다. 세계는 빠르게 변해 갑니다. 그런 가운데 존재하는 방식과 생각하는 방식을 바꾸어야만한다니 상대적으로 저 자신이 후퇴하는 게 아닐까 하는 느낌이 들지요.

약물치료가 변하는 거라면 이해할 수 있지만

의료에서는 그런 걱정이 훨씬 두드러집니다. 예를 들어 천식 치료에서 흡입 스테로이드가 1차 치료제로 된 것은 2000년 즈음에 나온 진료 가이드라인부터였다고 기억합니다. 그때까지는 잔틴 유도체를 주로 하여 베타2 자극제와 항콜린제를 쓰고, 중증일 때 스테로이드를 쓰는 식이었습니다.

그런데 천식 발생 원인과 증상에 대한 체계가 해명되어, 기관지 상피 점막이 변형되면 본디 상태로 돌아오지 않는다는 점이 분명해졌습니다. 또한 약물 부작용까지 고려한 결과, 흡입 스테로이드가 첫 번째 선택약이 되었습니다. 그때 만약 내복약을 주로 한 기존 처방(물론 이 치료를 해서 충분한 효과를 얻은 환자도 많았습니다만)을 바꾸기 싫어했다면……. 물론 근거 중심 의학 *에서 그런 일은 없을 테지만 가능성으로 따지면 완전히 배제할 수 없겠지요.

약과 의료와 시스템이 모두 변하고 있다

지금 약사를 둘러싼 환경은 크게 변하고 있습니다. 약만 해도 계

* EBM(Evidence Based Medicine)

속해서 신약이 나오고 제형과 규격이 새로워집니다. 나아가 제네릭 의약품*도 비약적으로 증가할 테고 보급될 것입니다.

의료 전체도 크게 변하고 있습니다. 여러 가지 치료를 입원이 아니라 외래로 행하게 되었습니다. 전에는 수술 후에 실밥을 뽑아야만 퇴원할 수 있었지만 이제 실밥 뽑기는 외래가 표준입니다. 항암제치료, 방사선치료도 그렇습니다. 기기의 진보와 가격 저하는 개업의(필요에 응해 병상을 갖춘 의원을 활용한**) 치료 범위를 한층 넓혀 왔습니다. 협력 의료 종사자***의 전문성이 해마다 높아지고 팀 의료 및 정보 공유도 당연한 일이 되었습니다.

더 나아가 의료기관에서 자택 및 개호 시설로 의료 현장이 바뀌고, 이에 따라 요양보험 제도도 정비되었습니다. 20년쯤 전과는 전혀 다른 의료·개호 제공 체제를 갖추었지요. 그리고 최근 몇 년 동안은 '지역 포괄 케어'라는 개념 하에 새로운 지역 사회보장체제를 정비하고 있습니다.

* generic brand: 특허 기한이 지나 제조가 자유화된 상품
** 일본 의료법에서는 외래 진료 기관뿐 아니라 입원 병상 19개 이하인 곳도 진료소, 즉 의원이라 한다.
*** Comedical staff: 의사 외에 보건 의료 서비스를 제공하는 의료 종사자들

변하지 않는 것은 뒷걸음치는 것

세상이 격변하고 있습니다. 그런 가운데 약사의 존재 방식과 사고방식을 바꾸지 않고 기존대로 하려 한다면, 상대적으로 자신의 입장과 존재를 후퇴시켜 버리는 게 아닐까요? 꼼짝 않고 지금까지 해 온 대로 한다는 건, 수시로 변하는 세상에서 슬금슬금 뒷걸음치는 것과 같습니다. 의료 분야에서는 환자에게 실제로 해를 끼칠 가능성조차 있습니다.

삶은 개구리 이야기

한편 '역시 변화는 어렵다'거나 '환경이 갖춰지지 않았다'는 목소리도 자주 듣습니다. 의사 처방전에 기초해서 일하는 데 익숙하다면 더욱 그럴 수 있습니다. 일은 바쁘고 의사와 환자를 대할 일도 생각하면 변화가 쉽지는 않습니다. 그런데 사람은 '안 해도 되는 이유'를 아주 잘 만들어 냅니다. 저는 다이어트도 할 겸 조깅을 하는데 '오늘은 추우니까' '내일은 일찍 나가야 하니까'처럼 그럴싸한 이유가 머릿속에 갖춰져 있습니다. 결국 하루 이틀 미루다가 정신을 차리고 보면 일주일이 지나 있지요.

현재의 약사에게 소개하고 싶은 우화가 두 가지 있습니다. 하나는 '삶은 개구리' 이야기입니다. 몇 가지 갈래가 있는데 제가 좋아하는 내용은 다음과 같습니다.

어느 곳에 아주 살기 좋은 연못이 있었습니다. 거기서 개구리들은 모두 기분 좋게 지냈습니다. 그런데 언제부터인지 연못 수온이 조금씩 올라갔습니다. 지금까지 쾌적했는데 조금씩 살기가 불편해졌지요. 그래도 참지 못할 정도는 아니었습니다. 더구나 전부터 같이 지낸 동료들이 있습니다. 괜찮겠지 하면서 그대로 지내는데, 더욱 수온이 올라갑니다. 그러자 가끔씩 다른 곳을 찾아가려고 연못에서 뛰어오르는 개구리가 나옵니다. 하지만 다른 곳이 여기보다좋을지는 확신할 수 없습니다. 연못 수온은 더욱 올라갑니다. 이제 기분 좋게 헤엄칠 수 없습니다. 더는 견딜 수 없어서 나도 뛰쳐나가야겠다고 마음먹었을 때, 옆에 있던 개구리가 말합니다.

"지금은 온도가 올라갔지만, 이 연못은 살기 좋았잖아? 모두 함께 즐겁게 살아왔잖아? 나간다는 소리 하지 마."

그 말을 듣고 마음을 고쳐먹습니다. '확실히 그렇긴 해.'라고. 그러다가 결국엔 삶은 개구리가 되고 말지요.

'조제약국'이라는 살기 좋은 연못

우화처럼 조금씩 수온이 올라가지 않고 갑자기 끓는 물을 붓는다면 뛰쳐나가는 데 대한 거부감은 적을 것입니다.

지금까지 30년 남짓 '조제약국'은 확실히 살기 좋은 연못이었습니다. 많은 약사가 거기서 보람을 찾고 생활을 꾸리며 인생을 보내왔습니다. 하지만 10년쯤 전부터 조금씩 상황과 환경이 변하여 지내기 힘들어지지 않았나요? 더욱이 2014년도 조제 수가 개정은 연못에 끓는 물을 들이부은 것이라고 생각합니다. '문전약국'의 '계수조제*'는 더 이상 평가하지 않겠다는 메시지를 명확하게 표출하고 있습니다. 뛰쳐나간다면 지금입니다.

인도의 코끼리 길들이기

또 다른 우화는 인도의 코끼리 이야기입니다. 짐이나 사람을 운반하고 서커스에서 곡예도 부리는 코끼리 모습을 사진이나 그림 같은 데서 볼 수 있습니다. 몇 톤이나 나가는 거대한 코끼리를 사육사가 제어하면서 일을 시킵니다. 그 몸집으로 커다란 공에 올라타는 모습은 장관이지요. 그런데 어떤 식으로 가르치는 걸까요? 사실인지 거짓인지는 알 수 없지만 제가 들은 이야기는 이렇습니다.

코끼리가 아직 어릴 때 커다란 나무에 사슬로 묶는다고 합니다.

● 약국에서 가장 많이 행하는 업무로 약을 계량하여 포장하는 일

그러면 처음에는 도망치려고 날뛰지만 사슬과 나무가 굵고 튼튼해서 어쩔 도리가 없습니다. 어느 정도 시간이 지나면 날뛰어도 소용없다는 걸 깨닫고 움직이지 않는다고 합니다. 이런 인식이 박힌 코끼리는 성장해서 언제든 쇠사슬을 끊고 나무를 넘어뜨릴 만한 힘이 생긴 뒤에도 쇠사슬에 묶이면 얌전해지고 만다는군요.

가만히 있지 말고 일단 행동해 본다

좀 억지스러울 수도 있지만 약사도 의사, 간호사, 환자를 대할 때 이러한 경향이 있는 게 아닐까요?

졸업한 직후에는 꿈과 희망을 그리며 업무에 임합니다. '약사는 자신의 전문성을 살려서 의료 현장에서 의사, 간호사와 팀을 꾸려 일한다. 환자 곁에서 친밀하게 소통하면서 자신이 의료인이 되고자 목표한 뿌리에 가 닿을 수 있게 의료행위를 펼친다. 약물치료의 최적화를 위해 스스로 전문성을 발휘하여 처방 설계에도 적극적으로 개입한다. 등등 ⋯⋯.'

이런 일은 간단히 이룰 수 없습니다. 청운의 뜻을 품은 약사도 몇 년 새에 풀이 죽을지 모릅니다. 의심스러운 점을 의사에게 전해도 좀처럼 받아들이지 않고 환자와 얘기를 해도 어쩐지 흥이 나지 않으며 바쁜 일과 속에서 몸과 마음은 지쳐 가고⋯⋯.

이러한 나날 속에서 행동해 봐야 아무 소용이 없다는 걸 깨닫고,

날마다 처방전 조제 업무에 몰두하게 되지 않았을까요? 물론, 처방전 조제 업무는 중요합니다. 약물치료는 약물이 없으면 못 하니까요. 약물 정보를 알기 쉽게 전하는 일도 중요합니다. 조제를 잘못하지 않게 세심한 주의를 기울여야 합니다. 약국 경영을 위해 여러 가지를 계산해서 정하고 의료 수가 청구서도 작성해야 합니다. 그 증거가 되는 약력* 관리도 당연히 중요합니다. 하지만 이런 업무에 젖어서 현상을 바꾸려 행동하지 않는다면 앞서 말한 코끼리와 이미지가 겹칩니다.

그래도 시간은 흘러 큰 변화가 일었습니다. 경험이 적은 약사도 많은 경험을 쌓았습니다. 지식도 충실해졌습니다. 6년제 약학 교육도 도입되었고요. 이러한 변화 속에서 걸음마를 떼던 약사도 지금은 울퉁불퉁 근육이 나온 운동선수처럼 변모하고 있을지 모릅니다. 지금이라면 의료 현장에서 여러 가지 활동을 할 능력과 기력이 충분하지 않을까요?

젊었을 때 괴로웠던 경험을 잊고 지금은 우선 행동해 볼 때입니다. 그럼으로써 생각도 못한 변화가 찾아오지 않을까 합니다.

---

* 환자에게 처방된 의약품명, 수량, 약효, 환자가 약으로 인해 겪은 부작용 등을 조사하여 기록한 일지

의료 제공 체제가 변하고, 약사가 활약하는 장이 변한다

3

일본 의료가 변하고 있다

　지금 약사가 변하는 원인은 약학 교육 6년제나 조제약국 사업의 한계 같은 것이 아닙니다. 일본 의료 전체가 큰 전환기에 접어들었고 그중 한 부분으로서 약국과 약사가 변하는 것입니다. 잘 생각하면 당연한 일처럼 보이지만 앞서 말한 '쌓기형'과 '역산형' 이야기 같은 것입니다. 평범하게 생각하면 약사의 사정, 더 나아가면 의료 종사자 쪽 사정에 따라 저마다 바람직한 미래 모습을 논하는 경향이 있지요.

　그러나 지금 일본 의료가 변하려 하는 까닭은 의료에 대한 요구가 변하기 때문입니다. 바꿔 말하면 인구 구성과 질병 구조가 급속하게 변하는 상황이 모든 원인인 셈입니다. 인구 구성과 질병 구조의 변화에 대처해 국가는 제대로 된 사회보장제도를 정비하고 국민이 안심하고 살 수 있는 나라를 만들어야 합니다. 일본은 전후 50년 동안에 세계에서 유례를 볼 수 없이 성장했습니다. 일개 패전국에서 세계를 이끄는 경제대국이 되었습니다. 동시에 의무건강보험제도를 정비하고 세계 최장수를 달성하는 '위업'을 이루었지요. 우리 선배들이 힘들게 노력한 결과, 보험증 한 장만 있으면 30퍼센트 이하의 자기부담금만 내고 세계적으로 극히 수준 높은 의료를 받을 수 있는 나라가 되었습니다.

인구 구성과 질병 구조와 의료 내용 모두 변하고 있다

고도 성장기를 지나고 연호가 쇼와에서 헤이세이로 바뀌었습니다.[•] 일본의 경제·소비·문화를 만들어 온 베이비붐 세대가 고령자 집단에 들어서게 되자 가장 먼저 사회보장제도의 영속성에 대한 의문이 발생했습니다.

의료든 개호든 복지든 사회보장제도는 일하는 세대가 기둥이 되어 떠받칩니다. 베이비붐 세대가 생산 인구의 중심에 있을 때는 기둥 역할을 하는 사람이 많았습니다. 즉 보험료와 세금이 많이 걷혔습니다. 고도 성장기에는 의료기술과 의약품도 현재만큼 발달하지 않았습니다. 거꾸로 말하면 비용이 지금만큼 많이 들지 않았다고

• 1989년도 1월 8일부터 헤이세이로 바뀌었다.

할 수 있습니다.

흉부 영상 검사만 해도 예전에는 X-ray 사진이나 조영검사뿐이었습니다. 그런데 지금은 CT 스캔, MRI를 할 수 있게 되었으며 화상 해상도가 비약적으로 높아져 3D화상마저 만들 수 있게 되었습니다. 심지어 3D프린터로 입체화하여 의료 안전성을 높이려는 움직임도 나오고 있습니다. 이것은 아주 멋진 일이지만 역시 비용이 듭니다. 의무건강보험제도가 정비되어 있는 일본에서는 그중 70퍼센트 이상을 세금과 보험료로 부담하고 있습니다.

질병 구조 변화도 일본 의료 변혁을 재촉하는 큰 요인입니다. 인류 역사는 감염증과의 싸움이었다는 문구를 읽은 적이 있습니다. 인류는 감염과의 싸움에 도전하였고 소독 개념을 도입하였습니다. 파스퇴르와 로베르트 코흐, 기타사토 시바사부로 등이 세균과 병원체를 연구하였고 이는 항생물질 발명으로 이어졌습니다. 이윽고 감염증 통제가 진전을 보았고 제대로 의료를 베풀면 감염증 대부분은 치유 가능한 시대를 맞이했습니다. 심지어 투여 기간은 결코 길지 않습니다. 대부분 며칠에서 1~2주 정도면 결말이 났지요. 그 밖에 고혈압에 의한 뇌졸중도 많았는데, 그 시대는 아직 의료 기술이 진보하기 전이어서 구명률이 낮았고, 의료를 필요로 하는 기간도 짧지는 않았을 겁니다.

의료 진보가 가져온 것

꽤 오래 전에 야나기다 구니오 씨가 쓴 《암 회랑回廊의 아침》이라는 책을 열심히 읽었습니다. 상부소화관 조영에 더해 소화기내시경이 개발되어 치료 방법 선택 폭이 넓어지는 이야기는 정말로 짜릿했습니다. 덕분에 암을 학문적으로 치료해 장기 생존이 가능해졌는데 한편으로는 비싼 검사와 처치, 투약이 장기간에 걸쳐 계속됩니다.

불치병으로 알려졌던 결핵은 지금도 예방과 관리가 중요하지만 제대로 진료하고 여러 가지 약물을 병용하면서 잘 치료하면 치유와 사회 복귀가 가능한 질병입니다. 또한 HIVHuman Immunodeficiency Virus 감염증도 마찬가지로 항바이러스 약 개발 덕분에 장기 생존이 가능해졌습니다. 동시에 자동차 사용이 증가하고 생활방식이 변화되면서 생활습관병 환자 수가 급속히 증가했습니다. 20년쯤 전까지는 성인병이라고 불렀는데 '어른이 되면 누구나 걸리는 어쩔 수 없는 병'이라는 인상을 주는 탓에 '생활습관병'이라고 고쳐 부르게 되었습니다. 고혈압과 당뇨병과 지질이상증 같은 질환은 대부분 환자 자신의 생활습관 때문에 생기는 것이니까요.

예전에는 한 환자에게서 당뇨병, 고혈압, 지질이상증 등이 함께 나타나는 증상을 '신드롬 X'라고 불렀습니다. 그런데 이것이 아디

포사이토카인_{adipocytokine}● 감소 및 내장지방 축적을 공통 원인으로 하는 '대사증후군'이라고 밝혀졌습니다. 이제 '대사증후군'이란 말은 일반인도 알고 있지요. '대사증후군' 감소가 장래 생활습관병 발현을 막고 적게는 의료비 억제로 이어진다고 하여 특정 보건 지도를 행하기도 했습니다. 그렇지만 아직 생활습관병 환자 수는 늘어나는 추세입니다.

후생노동성이 정리한 2012년 '국민건강·영양조사'에 따르면, 당뇨병 환자 수는 950만 명, 위험군은 1100만 명입니다. 합치면 2000만 명을 넘습니다(그림 3).

아시는 대로 당뇨병은 그 자체가 위험한 것이 아닙니다. 미세혈관 동맥경화를 촉진시켜서 신기능 저하와 심근경색, 뇌졸중 등 위중한 질환을 일으키는 문제가 있습니다. 투석을 해야 하는 첫 번째 원인이 당뇨병성 신증이라는 사실, 아셨나요? 인공투석을 하게 되면 연간 의료비가 600~700만 엔이나 듭니다.

뇌졸중과 심근경색도 구급 시스템 보급과 의료기술 진보에 따라 구명률이 높아졌습니다. 물론 훌륭한 일이지만 장기간에 걸쳐서 의료를 필요로 하게 되고, 장해 정도에 따라 누군가가 보살펴야 한다는 말이 됩니다. 둘 다 많은 비용이 들어가지요.

● 지방조직에서 분비된 후 기타 기관에서 활성을 갖는 단백질을 말함

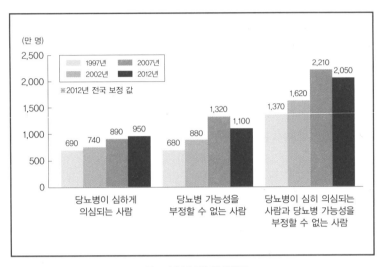

그림 3 일본의 당뇨병 위험군
(후생노동성 : 2012년 「국민건강·영양조사」, 2012)

약사의 존재 방식은 지역 의료 문제를
해결하는 과정에서 두드러진다

　이 나라의 인구 구성 및 질병 구조의 변화와 의료기술 진보, 사회보장제도를 지탱하는 틀의 변화 등 여러 가지 요인을 주시하면서 우리는 어떻게든 영속성도 있고 환자도 구할 수 있는 구조를 만들어 갈 것입니다.

　병원에서가 아니라 재택과 개호 시설에서, 급성기가 아니라 만성기 환자를 의료인이 일체가 되어 지탱하는 구조를 만들어 나가야 합니다. 약국과 약사의 존재 방식은 이런 일을 생각하고 구현시키는 과정에서 두드러지지 않을까 합니다. 약사와 약국의 미래를 현재 업무의 연장으로서 생각하면 좀처럼 전망을 그릴 수 없습니다. 하지만 일본 의료의 문제를 짚고 그 해결책을 역산형으로 생각하면 방향을 찾을 수 있을 거라 생각합니다.

약사가 활약하는 장이 변하고, 다른 직종과 연대하는 방식이 변한다

4

문어 항아리에 든 문어?

지금까지 약사가 활약한 곳은 약국이나 병원 약제부 안이었다는 생각이 듭니다. 그 이외의 곳과는 처방전이라는 지시서를 통해서만 연결되었습니다. 그 지시서 내용을 검토해서 문제가 없다고 판단하면 약을 준비해 설명과 함께 건네줍니다.

환자 중 다수가 받는 의료는 약물치료입니다. 우수한 진단 기술과 확실한 치료 방침을 바탕으로 끌어낸 약물치료를 제대로 하지 않으면 환자는 의학의 혜택을 받지 못하고 심신 상태도 좋은 방향으로 나아가지 못합니다. 이 일련의 행동은 아주 중요하지요. 몇십 년에 걸쳐서 약국과 병원을 불문하고 약사는 이 행동의 질을 높이기 위해 진지하게 노력해 왔습니다. 위기관리와 환자 커뮤니케이션, POS Point of Sales에 기반한 약력 관리 등이 거둔 성과는 온갖 노력의 역사 자체입니다. 결과적으로 약물치료의 질은 향상됐습니다.

하지만 의사와 다른 의료관계자와 환자 입장에서 보면 약국 안에 처박혀 있는 듯 보입니다. 벌써 7~8년 전 일인데 '약사는 문어 항아리에 든 문어 같다'고 말한 약학부 선생님도 있습니다. 가끔 항아리에서 발이 쑥 나오기는 하지만 기본적으로는 좁은 항아리 안에서 꾸물꾸물 움직일 뿐 밖으로 나오지 않는다는 의미였습니다. 옳지도 틀리지도 않는다고 해야 할지, 훌륭하다고 해야 할지 모르겠습니다. 그렇지만 분명히 그런 일면이 있습니다.

작은 창문 너머에 있는 약사

의학부를 졸업하고 대학병원에서 수련하던 때 경험한 일을 지금도 아주 선명하게 기억합니다. 벌써 20년쯤 전 이야기인데 어떤 의미로는 상징적인 장면이라고 생각하기에 소개합니다. 제가 수련하던 외과병동에서는 한밤중이든 주말이든 상관없이 환자 상태가 변합니다. 물론 최종적으로 수술실에서 외과 처치를 하게 되는데, 그전에는 당연히 내복약이나 주사 같은 약물치료로 상태를 개선하고자 합니다.

병동에는 일회용 의료 용품과 함께 어느 정도의 약제가 비치되어 있기 때문에 대개는 그걸 씁니다. 물론 쓰고 싶은 약제가 비치되어 있지 않을 때도 있습니다. 한밤중이나 주말에 상태가 변화하는 경우 당장 약제가 필요합니다. 약제부에 발주를 넣고 이튿날 아침이나 월요일까지 기다렸다가 받을 수 없습니다. 약제부에 전화를 걸고 직접 가지러 가야 하지요. 당시에 약제 인수를 포함해 자잘한 일은 수련의가 맡았습니다. 급한 X-ray 검사 필름을 방사선과에 가지러 가거나, 긴급히 혈액 검사가 필요한 검체를 중앙검사부에 가져가거나, 임시 약제를 받으러 가는 것 등입니다. 정확히 말하면 갓 졸업한 의사가 병동에서 도움이 될 수 있는 일이 그 정도였습니다.

몇 군데 병원에서 근무해 보니 병원 약제부는 대개 1층이나 지하1층에 있습니다. 아마도 대량의 의약품 반입을 고려해서가 아닐까 싶습니다. 한밤중이나 주말에 병원은 원래 조용하지만 약제부 근처는 더욱 쥐 죽은 듯합니다. 전등도 절반 정도만 켜 두어 어둑한 복도를 터벅터벅 걸어서 약제부에 도착하면 '투약 창구'라고 쓰인 작은 창문이 있습니다. 간유리 너머는 은은히 밝은데 당연히 작은 창문은 꼭 닫혀 있습니다. 창문 옆 인터폰을 누르자 잠시 후 "누구세요?"라는 대답이 돌아왔습니다. 저의 소속과 아까 주문한 약제 이름을 대자 인터폰은 뚝 끊깁니다. 약이 나올 때까지는 상황에 따라서 시간이 좀 걸리기도 합니다. 한밤중에 항생물질을 가지러 오는 나도 참 딜떨어졌구나 하면서 가까운 장의자에 앉아 기다립니다. 그러다가 작은 창문 너머에서 자박자박 발소리가 들리면 일어나서 그 앞으로 가 기다립니다.

작은 창문이 열리면 세찬 바람이 불어 나옵니다. 약제부 안은 위생 관리 때문에 압력을 높게 설정해 두기 때문이지요. 휘이이잉하는 소리와 함께 약사는 이름과 약제를 설명하고 쟁반에 얹은 약제를 내밉니다. 불어오는 바람 소리에 지워져 소리는 거의 들리지 않고 작은 창문 너머에 있는 약사의 얼굴조차 보이지 않습니다. 투약용지에 인쇄된 약사 이름과 도장으로 간신히 그 존재를 확인할 뿐입니다. 어둑한 복도를 돌아와 엘리베이터를 타고 병동으로 돌아오면서 한밤중과 주말 당직을 함께 하는 동료인데도 '차갑다'는 느낌이 들었습니다.

블랙박스인가 벤딩머신인가

병원 약제부와 약국은 어떤 인상을 줄까요? 처방전이나 전자적 경로를 통해 처방 지시가 전달되면 그 안에서 무언가를 한 다음 약제를 내어주는 장소처럼 느껴지지 않을까요? 환자는 종이를 갖고 가면 약과 교환해 주는 벤딩머신(자동판매기)처럼 생각할지도 모릅니다. 의사는 처방 지시를 보내면 어느 틈엔가 약제가 나와 있는 블랙박스처럼 생각할 수도 있고요.

앞서 말한 대로 약물치료가 대부분을 차지하는 현대 의료에서 약제를 올바르게 준비하여 환자에게 적용하는 일은 아주 중요합니다. 그 일을 담당하는 약사는 극히 높은 전문성이 요구되고 실제로 시대의 요청에 부응해 왔다고 생각합니다. 그렇지만 일본 의료 시스템이 바뀌고 있습니다. 지역 의료 현장은 의료기관에서 집과 개호 시설로 옮겨 가는 상황입니다. 이런 때에 약사가 일할 장소와 활약할 장면이 약국과 약제부로 한정되어서는 안 되겠지요?

밖으로 나가면 연대 방법과 장면이 바뀐다

요즘 복수 직종 연대·정보 공유라는 말을 많이 하고, 약사도 그 원 안에 들어가야 한다는 의견을 여기저기서 보고 듣습니다. 한편으로 약사는 당연히 다른 직종과 연대해 왔는데 새삼스레 무슨 소리냐며 의아해하는 사람도 있을지 모릅니다. 그렇지만 지금까지 '연대'는 접수대와 작은 창문을 통해 이루어져 온 것이 아닐까요? 약사가 약제부나 약국 안에 처박힌 채 처방전과 처방 지시를 통해 정보를 입수하고 의약품 접수와 설명을 하면서 말이지요.

지금 약사는 약국과 약제부라는 문어 항아리를 벗어나려 하고 있습니다. 재택 의료 업무와 병동 업무 계획에 참여하는 것은 물리적으로나 정신적으로 약국과 약제부라는 한정된 장소에서 벗어나는 것을 뜻한다고 볼 수 있습니다. 그렇게 되면 약사는 지금까지와 다른 위치에서 다른 직종과 환자를 만나는 접점을 갖게 될 것입니다.

현재 약사는 병원과 약국에 머물지 않고 활동 무대를 넓혀서 복수 직종 연대·정보 공유를 통해 팀 의료를 추진해 나가려 움직이고 있습니다. 좀처럼 잘 되지 않고, 생각처럼 진전되지 않는다는 고민도 있는 모양입니다. 여러 회의에 참석하고 모임에서 친목을 도모하며 타개책을 찾으려 하는 등, 약사다운 성실함으로 어떻게든 벽을 넘으려고 분투하는 모습도 많습니다. 그런데 우선은 자기 자신이 있을 장소와 영역을 바꾸는 데서부터 시작해 보면 어떨까요? 약국과 약제부라는 '문어 항아리'에서 한발 밖으로 내디뎌 보면 분명히 새로운 세계가 열릴 수 있습니다.

약사의 역할이 변하고, 의사와 약사의 관계가 변한다

5

약학 교육 6년제가 되어도……

약학 교육 6년제가 지금 일하는 약사의 꿈을 담은 교육 과정이고 지금까지와 크게 다른 맥락(상황)과 기술·방법으로 교육을 시작한다는 의미라면, 대학 교육·전문 교육의 자리 매김 차원에서 바람직한 약사의 모습도 크게 변할 것이 분명합니다. 말하자면 기존 약사와는 다른 '신형 약사' 육성이 시작되었습니다. 그리고 4년제 교육을 받은 약사에게 면허 갱신을 요구하지 않는 까닭은 '평생교육을 통해 따라잡으면서 모두 6년제가 목표하는 새로운 약사로 변화해 달라'는 뜻일 테지요. 즉 현역 약사는 '6년제로 간주'하는 의미입니다.

편의점보다 많은 약국에 의원 의사보다 많은 약사가 있습니다. 약국과 약사는 이 나라의 사회 자원입니다. 이 사회 자원이 크게 변모함으로써 일본 의료가 변할 수 있다고 수년 동안 줄곧 생각해 왔습니다. 그런데 정말 의도한 대로 약사가 변하고 있을까요? 앞으로 일본 의료 속에서 약사의 역할과 존재 방식은 정말 크게 변해 갈까요?

지금 6년제 교육을 받은 약사가 조금씩 현장에서 활약하고 있습니다. 현장 약사도 실무 실습 등을 통해서 요즘 약학생이 어떤 교육을 받고 어떻게 생각하며 행동하려 하는지를 직접 보고 있을 터입니다. 그에 대한 인상은 어떨까요? '결국, 하는 일은 똑같다' '기대한 만큼 다르지 않다' '열심히 하는 것 같은데 뭔가 아닌 것 같다'라는 인상과 감상을 갖는 분도 적잖을 것입니다.

우선은, 약사의 내적 변화가 일어난다

무슨 일이든 변화가 일어날 때는 그 내부에서부터 변화를 자각하는 게 아닐까 합니다. 약사는 의사와 같은 교육 기간을 가질 뿐 아니라 전 인구에 대한 비율을 보아도 거의 의사와 같은 희소가치를 갖습니다. 그러한 약사가 지역 의료와 사회 속에서 이전과는 다른 평가를 받고 지금까지 이상으로 지역 의료 현장에서 중요한 역할을 하며 활약하는 장면은 분명히 눈앞에 다가올 것입니다. 그때까지는 시간차, 그리고 몇 가지 순서가 있을 테고요.

변화의 자각은 가장 내부적인 부분부터 일어나고 외부로 파급하여 주위가 인지하게 됩니다. 제가 중학교 다닐 때였던 것 같은데 세계적으로 유명한 일본인 발레리나가 이렇게 말했습니다.

"하루 연습을 쉬면 제가 압니다. 이틀 쉬면 코치가 압니다. 사흘 쉬면 관중이 압니다."

당시 과연 그렇다며 감탄했습니다. 약사의 변화도 이 순서를 따를 것입니다. 우선 아는 것은 자신이고 그다음이 일을 함께 하는 다른 직종 사람들입니다. 환자와 일반 사람들이 "아~, 약사는 변했어!"라고 생각하는 건 마지막 단계가 아닐까 합니다.

의사와 약사의 관계가 변할 터

약학 교육 6년제라는 새로운 교육 과정 도입에 따라 그 산물인 약사도 새로워질 터입니다. 그러면 의사와 약사의 관계도 변해야만 합니다. 그렇게 생각하지 않나요?

현재 의사와 약사의 관계를 단적으로 말하면 의사는 처방하는 사람이고 약사는 조제하는 사람입니다. 이 관계가 변하지 않으면 약학 교육이 6년제로 바뀐 의미를 이해할 수 없고 어쩌면 6년제로 바뀐 데 따른 갈등을 해소할 수 없으리라 생각합니다. 지금 지역 의료 현장에서는 적잖은 약사가 변하려 노력하며 분투하고 있습니다. 재택 의료에 대한 대처나 바이털 사인에 대한 학습이 대표적입니다. 그런 약사들도 한동안 분투한 끝에 이렇게 말합니다.

"환자 댁에 방문도 해 봤고 혈압도 잴 수 있게 됐지만, 역시 아무것도 변하지 않아."

네, 맞습니다. 하지만 거기에는 이유가 있습니다. 의사가 처방하고 약사가 조제하는 관계가 변하지 않았기 때문입니다.

처방하는 사람과 조제하는 사람인 채?

의사가 처방하고 약사가 조제하는 것이 현재 관계입니다. 고령에다가 정형외과적 요인 때문에 통원하기 어려운 환자가 있습니다. 의사가 말하지요.

"미안하지만 환자 댁에 가져다줄래요?"

그렇게 시작된 환자 방문.

"아무래도 집에서 약을 잘 먹지 않는 것 같아요. 미안하지만 환자 댁까지 가져가서 복약 상황을 체크해 줄래요? 처방전 비고란에 '재택 요양 관리 지도 부탁합니다'라고 써 둘게요."

그렇게 시작되는 '재택 요양 관리 지도'.

"모처럼 자택까지 가는 거니, 혈압도 측정해서 이상이 있으면 알려 주실래요?"

그렇게 시작되는 '바이털 사인 체크'.

모두 약사가 지금까지 해 온 업무의 틀을 넘는 것입니다. 또한 요즘 추세인 재택 의료와 요양보험 서비스입니다. 재택 요양 관리 지도에 뛰어들 기회가 찾아온 셈이지요. 그러니 일단 열심히 활동해 봅니다. 그런데 도중에 뭔가 다르다는 걸 느끼고 생각처럼 의욕이 솟지 않을 때가 많은 것 같습니다. 이유는 간단합니다. 결국, 의사가 처방하고 약사가 조제하는 관계가 바뀌지 않았기 때문입니다.

약사 자신의 이미지도 변해야

의사와의 관계는 물론이고 약사 자신이 일에 대해 갖는 이미지도 바뀌어야 합니다. 병원에서나 약국에서나 약사는 의사의 처방전에 기초해 정확하고 신속하게 조제하고 알기 쉬운 복약지도와 함께 환자에게 약을 건네줍니다. 그러고 나서 일련의 행위를 약력에 기재하지요. 이것이 일반적인 흐름이고 의무입니다(그림 4). 이업무를 빠르고 정확하게 해내는 것만이 약사의 일이라고 여겨 오지는 않았을까요?

이 일의 방식과 리듬은 의사로서 제가 일하는 방식과 어딘가 다르다고 느꼈습니다. 약사의 일에는 시작점과 끝나는 점이 있는데,

그림 4 약사 업무의 흐름?

제 일은 나선형으로 계속 이어져 가는 이미지입니다. 이 차이를 어떻게 표현하면 좋을지 줄곧 생각하다가 문득 떠오른 게 있습니다. 지금의 약사는 단거리 선수가 아닐까 하는 생각입니다. 한편 의사는 마라톤 코치 같은 느낌입니다. 이 차이는 약사 직무 능력의 과거와 미래를 생각할 때 중요하다고 느꼈고 조금 이해가 된 부분도 있기에 설명하겠습니다.

하루에 100미터 달리기를 40번 완주?

현재 약사의 업무는 처방전을 받아 출발해서 약력 관리라는 골에 이르기까지 빠르고 정확하게 달리는 것 같습니다. 조제는 하루에 40장까지만 할 수 있다고 후생노동성령으로 정해져 있으니 100미

터 달리기를 하루 40번 하는 거라 할까요? 물론 숨도 차고 피로도 느끼며 달성했다는 뿌듯함도 있을 겁니다. 하루가 끝나면 그날 일은 거의 돌아볼 여유가 없고 내일도 힘든 하루가 기다리기에 일찍 자는 게 중요합니다. 연휴에는 가끔 홍겨움에 젖기도 하겠지요.

하지만 의사는 자신이 달리는 게 아닙니다. 달리는 건 환자입니다. 환자가 스스로 요양 생활(그리고 때로는 그분의 인생)이라는 마라톤을 무사히 완주할 수 있도록 나란히 달리며 응원하고 지도하는 코치 역할입니다.

평생교육에 대한 인식 차이

'자신이 달리는가, 환자가 달리는가' 하는 사고방식은 평생교육에 대한 의사와 약사의 인식 차이와 관계가 있습니다. 이 차이는 미묘하지만 명확합니다. 의료에서 약사는 자신이 달립니다. 더구나 100미터 달리기를 몇 번이나 반복하는 단거리 선수입니다. 의사는 마라톤하는 환자와 나란히 달리면서 응원하고 때로는 지도하는 코치입니다. 이렇게 자신이 달리는가 아니면 환자가 달리는가 하는 시점 차이는 평생교육을 대하는 방식 차이로도 이어진다고 생각합니다.

몇 년 전, 약사에서 전직을 지원하던 분이 이런 말을 했습니다.

"선생님, 약사의 전직 이유는 아무래도 기능 향상에 흥미가 너무 많아서인 것 같아요."

'대형 병원 앞과 소아과 앞은 경험했으니 다음에는 재택 의료를 경험할 수 있는 곳……'이라는 느낌일까요. 그분은 다른 일로 전환하는데 있어 약사만큼 자기 경력과 기능 향상에 흥미가 높은 직업이 달리 없다는 뜻으로 말한 것 같습니다.

누구를 위한 교육

저는 평생교육을 받는 열정에서 비슷한 감각을 느꼈습니다. 열심히 하는 것은 물론 멋진 일입니다. 교육 주최자로서도 기쁘기 그지없습니다. 그럼에도 위화감을 조금 느꼈습니다. 이러이러한 걸 했으니 다음에는 저걸 하겠다는 느낌이 없지 않았습니다. 제가 의사로서 평생교육에 임했을 때와는 좀 다른 느낌이었습니다.

약사가 스스로 달리는 단거리 선수라는 가설이 옳다면 이런 위화감도 금방 납득할 수 있습니다. 능력을 높이는 일이 업무의 질, 조제의 질을 향상시키는 데 필수이고, 그것이 목표가 되므로 당연히 자신에게 주의를 기울입니다. 그러나 의사는 자신이 담당한 많은 환자가 저마다 상태에 따라 마라톤을 할 수 있도록 거듭 연구하는 사람입니다. 마라톤과 복싱 코치가 대사 증후군 체형인 예를 가끔 볼 수 있는 것처럼 의사가 스스로 건강 관리를 하지 못하는 까닭이 어쩌면 환자를 지원하고 지도하는 역할이라는 것과 관계가 있을지도 모르겠습니다.

전문성이 다른 두 코치

출발과 목적지가 있던 약사의 일은 앞으로 변할 것입니다. 환자와 나란히 달리며 환자가 요양 생활을 잘 할 수 있도록 지도와 응원을 하는 방식이 될 것입니다. 언뜻 의사가 하는 활동과 비슷해 보이지만 환자 상태를 판단하는 이론적 배경이 의학이 아닌 약학입니다. 이 점이 결정적 차이입니다. 전문성이 다른 두 명의 코치가 붙어 있기에 앞으로 환자는 더 좋은 상태를 유지하며 계속 달릴 수 있지 않을까요?

약사 스스로 이렇게 이미지 전환을 하지 않으면 약사 교육이 정말로 성과를 냈다고 할 수 없습니다. 뿐만 아니라 의사와 약사의 관계도 바뀌지 않을 것입니다.

의사와 약사의 관계가 변하고, 협동하며 약물치료를 하는 방향으로 변한다

6

의문 조회가 잘 되지 않는다

의사가 처방하고 약사가 조제하는 구도를 바꾸는 게 무리라고 생각하지는 않습니까? 의료 현장에서는 약물 중복 투여, 금기 증례, 약제 투여량, 복수 질환과 복수 약물 사용 등 조심스런 부분이 많습니다. 이러한 일이 걱정될 때는 의사에게 연락해서 확인해야 합니다. 이것은 약사의 의무입니다.

처방전에 의문이 있다면 그 내용을 처방한 의사나 치과의사, 수의사에게 의논하지 않고서 조제를 해서는 안 된다고 약사법에 정해져 있습니다. 그런데 이 의문 조회가 막힘없이 된다고는 말할 수 없습니다. 모처럼 용기를 내어 혹은 충분히 조사하고 의사에게 전화를 겁니다. 의사는 자세한 내용을 묻지도 않고 아주 어이없게 무시합니다. 안타깝지만 많은 약사가 그런 경험을 하지 않았나요? 이

의문 조회
(약사법 24조)

아무개 씨
약 말인데요.

것은 약물치료 적정화 관점에서도 물론 좋지 않습니다. 그러나 의사의 사정도 조금 이해해 주었으면 합니다.

문의를 받는 의사 입장에서 생각하면

외래 환자에 대해 근처 약국에서 문의를 했다고 생각해 보면 의사는 환자를 진찰하기 전에 반드시 의무기록을 참조합니다. 그간의 경과, 투약 내용, 치료 방침과 의학적 개입을 확인하여 머릿속에 넣고 나서 환자를 진찰합니다.

환자를 진찰하면서 조금씩 기억도 되살아나고 머릿속은 그 환자 일로 가득 찹니다. 문진을 하고 시진, 청진, 촉진 등을 통해 이학적 소견을 내고 환자가 현재 어떤 상태이며 무엇이 문제이고 다음에는 어떤 방법을 쓸 것인지 생각합니다. 생각이 정리되면 지난번 처방한 내용과 이번 진찰에서 얻은 정보를 바탕으로 처방 내용을 결정합니다. 진찰을 마친 다음에는 의무기록을 마무리하는데, 그와 동시에 머릿속에서 전개된 그 환자 일은 깨끗하게 지워 버립니다. 다음 환자 정보와 마주하기까지 잠깐 사이에 말이죠.

이것이 중요합니다. 처방전을 발행한 후에 약국에서 연락을 받았을 때, 그 환자 정보는 거의 완전하게 머릿속에서 사라진 상태입니다. 대신에 눈앞의 환자 정보를 머릿속에 가득 채운 채 진료하는 중이지요. 이때 눈앞의 환자는 긴 시간 기다려서 겨우 만난 의사에게 마음을 털어놓고 있을지도 모릅니다. 어쩌면 예상치 못한 증상이 나타나거나 상황이 악화되어서 추가 검사나 다른 의료기관에 소개하는 걸 검토하는 중일 수도 있지요.

머릿속은 지금 환자 일로 가득

어쨌든 눈앞의 환자에게 집중해야 하는데 그런 상황에서 이미 지나간 환자의 처방에 대한 문의를 받게 됩니다. 물론 의문 조회에는 진지하게 대응해야 하지만 머릿속은 지금 진료하는 환자 일로

가득합니다. 더구나 문의 내용이 효능이나 효과, 용법 용량에 관한 것 등 의사 입장에서는 대세에 영향을 주지 않는 것입니다. 혹은 전화가 장황해서 맥락을 잡기 어려울 때도 있습니다. 그런 경험을 몇 번 되풀이하다 보면 의문 조회를 거절하게 될 듯싶습니다.

약사는 의사였으니까……

약사가 임상 활동 폭을 넓힌다고 하면 보통은 내과 일과 겹치는 것 아니냐는 걱정을 합니다. 이를테면 고혈압 환자를 의사와 약사가 협동해서 치료한다고 하면 약사는 좁은 의미의 '조제' 업무에서 벗어나 의사의 처방 의도를 읽어 내기 위해 공부합니다. 해부·생리, 병리·병태 같은 의료 약학 지식을 이해·습득하고 더 나아가 치료학 분야까지 저변을 넓힙니다. 때에 따라서 일본과 세계에서 쓰이는 진단·치료 가이드라인도 이해해야만 합니다.

그러다 보면 흉부 청진과 혈압 측정 등 온갖 바이털 사인 지식과 기술을 습득해야 한다는 필요성에 쫓깁니다. 더욱더 공부를 계속하면 심부전 증상과 고혈압에 의한 심근비대 등을 꿰뚫어 보기 위해서 심전도와 X-ray 검사 결과를 읽는 법도 습득해야 하는 거 아닐까 하고 생각하기에 이릅니다.

120

약사가 치밀하게 공부해서 그런 지식과 기술을 습득하면 의사의 처방 의도는 훤히 보일 테지요. 어떤 때는 '나라면 이렇게 할 텐데' 하는 처방이 머릿속에 떠오를지 모릅니다. 손에 든 처방전 내용이 좀 미심쩍어 보일 수도 있습니다.

임상능력=진단? 처방 설계?

그런데 이렇게 접근하면 진단과 처방이라는 영역에 들어가 버립니다. 옛날 일본에서는 의사를 약사라고 표현하기도 했습니다. 그래서인지 진단과 처방 능력을 약사의 임상적 능력이라고 보는 풍조도 있습니다. 그런 사고방식은 큰 알력, 마찰, 문제를 일으킵니다. 문제 중 하나는 의사와 약사가 대립 관계에 놓이는 것입니다. 의료만 그런 것이 아닙니다. 어떤 사안이 있을 때 열이면 열, 사람마다 사고방식과 해석하는 방식이 다른 건 당연한 일입니다. 처방한 의사와 조제하는 약사의 사고방식도 당연히 다릅니다. 그런데 처방전을 꼼꼼히 살펴서 의사와는 다른 의견을 내는 것이 자기 일이라 생각한다면, 마치 늦게 내는 가위바위보처럼 되어 버립니다. 의사로서도 기분이 썩 좋지는 않습니다.

만약 다른 의견이 있더라도 약사의 의견은 무시당할 것입니다. 진단 행위는 의사에게 전권이 있습니다. 최종적인 처방 의무도 의사에게 있습니다. 이러한 마찰이 반복되다 보면 의사는 약사가 의문 조회를 해도(앞서 말한 타이밍 문제도 있어서) 점점 귀를 기울이지 않게 될 테고, 약사도 결국에는 포기하여 의사에게 아무것도 말하지 않게 됩니다.

의사법에 저촉되지는 않는가

또한 법률적으로도 문제가 됩니다. 의사법에 의료업은 의사만이 행할 수 있다고 규정되어 있습니다. 의료업이란 의료행위를 반복 계속하는 의사가 행하는 것이라고 해석해 놓았습니다. 의료행위의 대표는 진단, 처방, 외과적 처치입니다. 그러므로 약사의 이러한 접근은 자칫 의사법을 위반하는 일이 될 수도 있습니다.

어항 속 금붕어

의사가 처방하고 약사가 조제하는 관계에서 벗어나고자 약사는 여러 가지 교육을 받고 연구를 합니다. 그렇게 해서 의문 조회를 하지만 받아들여지지 않습니다. 이론 무장을 하고 열심히 하려 하면, 상황에 따라 의사법을 위반하게 됩니다. 대체 어떡해야 할지 알 수 없습니다. 환자에게 여러 가지로 복약지도를 하려 해도 환자로서는 의사한테 이미 들은 내용입니다. 결국 막다른 길에 이르고 맙니다.

약사는 보이지 않는 벽에 둘러싸인 어항 속 금붕어처럼 꽉 막힌 느낌일 거라고 생각합니다. 이런 상황에 질리면 '조제를 한다 해도 의사가 말한 대로 약을 내줄 뿐이고 환자는 열심히 설명해도 듣지 않아 재미없어.'라며 조제에서 점점 멀어지게 됩니다. 이 어항 속에서 어떻게든 빠져나가려 하는 것이지요.

옛날이 좋았어

한약과 일반의약품 판매를 특기로 하는 약사에게 "내가 여러 가지를 정할 수 있고 환자하고도 제대로 얘기할 수 있어서 재미있어."라는 감상을 들었습니다. 의약분업이 되기 전까지 약사는 확실히 그런 일에 깊이 관여했습니다. 옛날을 그리워하는 듯한 이야기를 듣기도 합니다.

보험 조제는 수요도 있고 나름대로 이익도 나기 때문에 하고 있지만, 자신이 주로 하는 일은 환자의 호소를 듣고 생각하며 약을 결정해서 권하는 것이라는 약사가 상당수 있습니다. 물론 일반의약품과 한약 판매는 지금도 중요한 사항이고, 의료비 적정화 관점과 1차의료·셀프 메디케이션 추진이라는 흐름에서 보자면, 이러한 영역에 약사가 제대로 관여하는 것은 중요한 일입니다. 하지만 한편으로 약사가 이 나라 약물치료의 주류에 주체적으로 관여하기를 포기한 듯 보여서 안타깝습니다.

어항에서 벗어나는 법

개중에는 약사 일을 놓아 버리는 분도 있습니다. 작가나 탤런트, 아나운서나 만화가 같은 특수한 사례도 있지만, 제가 만난 바로는 의료나 건강관리, 개호나 복지에 관련된 여러 분야로 활약의 장을 옮기는 분도 드물지 않습니다.

그중 하나가 의료계의 다른 자격을 취득하는 것입니다. 그중에서도 의사가 많습니다. 의사와 약사 자격을 다 가진 분은 원래 의사를 지망한 경우도 있지만, 약사 일에 한계를 느껴 다시 의학부에 들어간 사람도 많습니다. 가끔씩 간호사 자격을 따는 사람도 봅니다. 예전에 저와 함께 일하던 간호사가 "선생님, 저는 원래 약사였어요."라고 고백한 일도 있습니다. 이유를 물었더니 "의료에 종사하고 싶어서 이 업계에 들어왔는데, 약사는 사람 몸을 만질 일이 없잖아요? 그래서……."라는 것입니다. 마찬가지로 한방 상담 약국 약사 중에는 침구사 면허를 가진 분이 많습니다. 이유를 물으면 역시 '약사는 사람 몸을 만질 수 없고, 제대로 평가할 수 없다'고 말합니다.

예전에는 대학에서 약사가 '사람 몸을 만지면 안 된다'고 가르쳤던 모양입니다. 제가 2009년에 약사에 의한 혈압 측정과 청진이라는 개념을 생각하고 학회와 강연회 등에서 이야기를 시작했을 때도 그 불문율이 앞을 가로막았습니다. 하지만 이 문제는 이미 해결되었고 이에 대해 해설한 양서도 나와 있으니 간단히 짚고 넘어가 겠습니다.

사람 몸을 만지는 목적

가장 중요한 점은 앞에서도 언급한 의사법 제17조의 해석입니 다. 의사만 의료행위를 하도록 규정한 법률이지요. 그런데 환자와 신체 접촉을 하고 바이털 사인을 수집하는 것이 '의료업'에 해당하 지 않는가 하는 의문이 약사에게는 항상 따라붙었습니다.

의료업이란 '의료행위를 반복 계속하는 것'이라고 해석합니다. 의료행위는 확대 해석하기 쉽기 때문에, 혈압·맥박·경피적동맥혈 산소포화도(SpO_2) 측정에 더해 내복약 복용 보조, 외용약 사용, 좌 약 투입 등도 의료행위에는 해당하지 않는다고 후생노동성 의정국 장● 통지(의정발 제0726005호)에서 밝혔습니다.

또한 의료행위란 진단과 치료를 목적으로 하는 것인데 반해, 약 사가 바이털 사인을 수집하여 활동하는 목적은 의약품 적정 사용 및 약물 안전 확보입니다. 이런 것을 바탕으로 생각하면 약사가 바이털 사인을 수집하는 일 자체는 의사법 위반에 해당하지 않습 니다.

● 의정국은 후생노동성 부속 부서 중 하나로 의료 정책 등을 다룬다.

약사로서 진가를 발휘하고 있는가

이야기를 돌려서 케어매니저*로서 활약하는 약사도 많습니다. 약을 잘 알고 개호·복지 제도에도 밝은 점은 환자가 장기간에 걸쳐 안심하고 지역 속에서 생활할 계획을 세우고 수행하는 데 크게 도움이 될 것입니다.

또한 중간 규모부터 큰 규모까지 약국 체인을 경영하는 경영자나 관리자인 약사도 많이 만납니다. 30대 젊은이부터 중견 약사까지 소통 능력과 배려 능력이 뛰어난 '우수한 약사'입니다. 그들이 업무 현장을 떠나서 채용, 교육, 개발 등 약국이라는 기업 운영에서 중요한 위치를 맡습니다. 이것도 물론 중요한 일이고 충분히 보람을 느낄 테지요.

그럼에도 오해를 감안하고 말하자면 의사로서는 적잖이 위화감을 느낍니다. 일반의약품과 한약 전문가, 다른 의료 및 개호 전문직, 기업에 있는 실업가 등도 모두 보람 있고 중요한 일입니다. 하지만 그것만으로는 약학부에 간 이유와 배운 것의 가치를 다 발휘할 수 없지 않나 하는 위화감입니다.

● 개호지원전문원 혹은 케어매니저. 돌봄이 필요한 사람이 적절한 서비스를 받을 수 있도록 지원하는 전문직이다. 이용자와 가족의 욕구를 파악하여 케어 플랜을 짜고, 자치단체와 각 사업자에게 돌봄을 요청한다.

전문성 발휘와 팀 의료

요즘 공동 약물치료관리라는 개념과 복수 직종 협동에 의한 팀 의료라는 말이 자주 화제에 오릅니다. 약사가 다른 직종과 연대하여 일하려면 전문성이 뿌리를 내려야 합니다. 약사뿐 아닙니다. 의사, 간호사, 나아가서는 임상 검사 기사, 물리치료사, 작업치료사 같은 의료 전문가 전반에 해당하는 말입니다. 특히 의사와 약사가 협동해서 약물치료를 하려면 '약사만의' 지식과 기술을 살린 명확한 전문성을 자타에게 인정받아야 합니다.

약학 교육이 전문성의 바탕

물론 약사가 임상에서 활동의 장을 넓힐 때 병과 치료에 대해 배우는 것은 중요합니다. 하지만 이 전문성은 약사와 간호사와 겹칩니다. 무엇보다 의사에 비해 한두 걸음 뒤처집니다. 옳고 그름을 따지는 게 아닙니다. 의학과 약학은 서로 다른 전문 교육을 하고 있으니 당연한 일입니다.

애초에 대학 입시를 치를 때는 '의치약'이라는 분류가 있습니다. 의사와 치과의사와 약사는 기본적으로 고등학교 이과 반에서 책상을 맞대고 공부하던 사이입니다. 받은 교육도 같을 터입니다. 그러다가 의학부, 치학부, 약학부라는 서로 다른 길로 나아가 4년이나

학부 교육에 전문성의 기초가 있을 터

6년 동안 학생 생활을 합니다. 전문 과정을 끝내면 의사, 치과의사, 약사 국가시험을 치러서 지식을 제대로 습득했는지 확인합니다. 합격하면 떳떳하게 국가자격을 취득하지요.

의사와 치과의사, 약사 모두 법률로 명칭과 업무 독점이 정해진 전문성 높은 직종입니다. 그런데 지금 약사는 자기 전문성에 대해 고민하는 게 아닐까요? 그래서 더욱 의사와의 거리감과 연대 방법을 알기 어려운 게 아닐까 합니다.

그러면 그 전문성의 기초는 어디에 있을까요? 저는 대학교육에 있다고 생각합니다. 거꾸로 말하면 대학교육에 뿌리를 둔 전문성을 약사가 발휘한다면 의사와 약사는 새로운 연대를 짤 수 있고, 팀 의료를 추진해 나가는 가운데 협동해서 약물치료관리를 할 수 있게 될 것입니다.

PART
3

약사에게 요구되는 건 환자와
약물치료를 함께 해나가는 일이다

조제해서 건네준다고
끝이 아니다

1

팀 의료·복수 직종 연대·정보 공유는
유행이 아니라 필연

고령화라는 인구 구성 변화는 당연히 질병 구조 변화를 가져옵니다. 감염증과 외상 같은 급성 질환이 많던 시대에서 암과 생활습관병, 알레르기 같은 만성 질환이 많은 시대로 변해 왔다고도 할 수 있지요.

병을 앓는 기간이 짧고 단일한 질환만 있던 때는 의사 한 명이나 의료기관 한 곳에서 치료를 할 수 있었습니다. 지금은 '대사증후군'이라는 말이 널리 알려질 정도로 생활습관병이 일반화되었습니다. 알레르기와 화분증을 포함하면 국민적 질환이라고 말할 정도가 됩니다.

국민 중 다수는 만성질환을 몇 가지씩 앓으면서 오랜 시간 약물치료를 받습니다. 그렇게 생활하는 시간이 십수 년에서 수십 년일 때도 결코 드물지 않습니다. 이것은 여러 의사가 여러 의료기관에서 여러 질환으로 고통받는 환자를 치료한다는 말입니다. 또한 의료가 전문 분야에 따라 분화되는 가운데 간호사뿐만 아니라 언어치료사, 작업치료사, 물리치료사 같은 코메디컬 스태프와 연대하는 일은 지금보다 훨씬 중요해집니다.

요즘 팀 의료 추진의 중요성이 거론됩니다만 이는 아주 당연한 일이며 결코 유행 따위가 아닙니다. 그 바탕에는 환자 치료의 변화가 깔려 있습니다. 팀 의료를 추진하기 위해서는 복수 직종이 연대해야 합니다. 환자 한 사람에게 여러 명의 전문직이 관여하기 위해서는 환자 배경은 물론이고 치료 방침과 경과를 공유할 필요가 있습니다. 복수 직종 연대와 공유라는 키워드도 이런 흐름에서 생각하면 쉽게 납득할 수 있습니다.

팀 멤버가 맞춰야만 하는 것

저는 의학부 학생 시절에 보트부 소속이었습니다. 와세다 대 게이오* 조정 경기에서는 여덟 명이 노를 젓는 '에이트'가 유명한데, 우리가 도전한 것은 네 명이 노를 젓는 '셰일 포어' 경기였습니다.

조릿대 잎처럼 가느다란 보트에 노 젓기 네 명과 키잡이 한 명이 올라탑니다. 키잡이의 지시에 따라 네 명이 노를 젓습니다. 제각각 멋대로 저어서는 배가 빨리 나아가지 않을 뿐 아니라 방향이 틀어집니다. 때에 따라서는 뒤집혀 버리기도 하고요.

어떻게 맞추는가 하면 노를 젓는 리듬을 맞춥니다. 다리를 구부리면서 상체를 앞으로 숙이고 팔을 뻗어서 노를 물에 집어넣습니다. 물을 잡으면 발에 힘을 주고 상체를 뒤로 젖히면서 팔을 당깁니다. 노를 다 저은 후에는 노를 돌려서 원래 자세로 돌아가는데 이런 동작을 똑같이 맞추어야 합니다. 하나하나 동작을 그리면서 리듬을 맞춰가는 일을 땅 위에서도 물 위에서도 반복해서 연습합니다.

● 와세다와 게이오 두 대학이 벌이는 학교 대항전. 주로 스포츠로 겨루지만 학생 동아리가 개최하는 토론회를 가리킬 때도 있다.

132

호흡을 맞춘다고 할까, 아무튼 마음을 맞춰서 배를 전진시킨다는 느낌으로 목표를 향해 나아갑니다.

팀 의료에서도 복수 직종이 연대해 정보를 공유하면서 추진하려면 손발을 맞추어야 합니다. 환자 치료라는 프로젝트를 진행할 때 호흡을 맞추고 리듬을 가다듬어서 공동 작업을 해 나가야 합니다.

약사는 같은 리듬으로 움직이고 있는가

그런 관점에서 말하자면 현재 약사의 일은 다른 의료인과 리듬이 다르다고 생각합니다. 의사든 간호사든 다른 의료직 종사자이든 모두가 전문적인 지식과 기술을 살려서 환자에게 개입합니다. 의사는 수술을 하고 간호사는 관장 같은 처치를 하고 물리치료사는 재활치료를 합니다. 약사도 의약품을 조제하고 복약지도를 하니, 거기까지는 같습니다. 문제는 그다음입니다. 의학적 개입을 하여 나온 성과를 의사, 간호사, 물리치료사는 직접 확인합니다. 봉합한 자리는 잘 붙었는지, 관장한 다음에는 배변을 잘 했는지, 재활치료 후에 관절은 어느 정도 움직이게 되었는지를 알 수 있습니다.

그런데 약사는 어떻습니까? 자신이 조제한 고혈압치료제를 먹고 혈압 조절이 잘 되는지, 기관지 확장약을 사용한 뒤 기관지가 확장되어 천식 호흡곤란이 해소되었는지 체크하고 있습니까? 물론 혈압수첩을 잘 볼 테고, 병원에서는 의무기록에 기재된 혈압 데이터로 확인하는 약사도 많을 것입니다. 하지만 그런 데이터를 약학적으로 해석해서 지난번에 처방전을 확인하여 조제하기까지 행한 업무가 타당했는지를 검토하고 있을까요? 그렇게 해서 나온 판단을 의사에게 말하고 논의하여 처방 내용에 반영하도록 노력하고 있을까요?

약사는 조제하기만 한다?

지금의 약사 일은 앞서 말했듯이 시작점과 끝나는 점이 있는 직선적 일이라고 인식하는 게 아닙니까? 약사 자신뿐 아니라 약사 이외의 의료 종사자, 환자도 말이지요. 한편 의사를 필두로 하는 의료 종사자는 자기 일을 나선형으로 인식한다고 생각합니다.

처음 환자와 접점을 가지면 문제점을 스스로 고민하고 대처법(치료법)을 생각해 실행합니다. 그런 다음 자신이 한 행위로 인해 나타나는 변화를 직접 확인합니다. 생각한 대로 상태가 나아간다면 현재 방법을 계속하고 그렇지 않으면 다른 수를 생각해서 움직입니다.

그러면 약사는 자신이 조제한 약을 먹은 사람이 생각한 대로 효과를 보는지, 혹은 예상한 부작용이 나오는지를 확인해서 그 결과에 따라 다음 수를 고민할까요? 그렇지 않을 때가 제법 많습니다. 조금 거친 말일 수도 있지만 약을 내주기만 하고 조제를 하기만 하는 상황입니다. 어린아이가 장난감을 꺼내 놓기만 하고 벗은 옷을 던져 놓기만 하는 것과 비교하면 너무한다고 생각하겠지만 어감을 볼 때는 조금 닮은꼴 같습니다.

팀 의료의 리듬감

어떤 개입을 한 후에 결과를 확인하고 상태에 따라 다음에 해야 할 일을 저마다 전문성에 기반해 생각해야 합니다. 팀 의료에서 멤버가 공통된 리듬감을 가지려면 그러한 사이클이 중요합니다. 그런데 현재 약사가 하는 일을 생각하면 그 리듬이 맞지 않는 듯합니

다. 이것이 팀 의료에서 약사가 소외감과 진입 장벽을 느끼는 원인 중 하나가 아닐까 합니다. 그리고 이것은 개인의 자질이나 노력 여부 때문이 아니라 어디까지나 구조적 문제라고 생각합니다.

달리는 건 약사인가?

약사는 처방전을 받는 것이 시작이고 약력 관리가 골인, 단거리 달리기 선수 같다는 이야기를 했습니다. 현재 약국에서는 하루에 40개까지 처방전을 조제할 수 있습니다. 일본 약사회 통계에 따르면 약사가 하루에 조제하는 평균 처방전 수가 25.7매라고 합니다. 숫자상으로는 아직 여력이 있어 보입니다. 앞으로 기계화가 진행되면 더더욱 빨리 조제 업무를 해낼 수 있을 테지요. 그래야 한다는 요구도 커질 테고요.

복약지도도 그렇습니다. 동영상을 많이 사용하고 인터넷으로 정보 제공을 충실히 하는 등 정보통신기술을 잘 이용하면 지금까지 해 온 것보다 더 짧은 시간에 알기 쉬운 복약지도를 할 수 있게 되겠지요. 경영적인 측면에서 보아, 조제약국의 약사는 하루에 처방전 40장을 조제할 수 있는 방향으로 나아가고 있는지도 모릅니다. 이 나라에서는 하루 노동시간이 통상 8시간이라고 정해져 있습니다. 8시간, 즉 480분에 처방전 40매를 글자 그대로 '해내기' 위해서는, 한 장당 12분 이내에 일련의 업무를 끝내야 합니다. 그렇지 않으면 연장 근무를 해야 하지요.

물론 이것은 극단적인 예지만 기본적으로 환자 한 사람에게 들일 수 있는 시간에 제한이 있다는 점이 중요합니다. 이에 더해 환자 대기 시간이란 문제가 있습니다. 약국에 찾아오는 환자 중 다수는 의료기관에서 진료를 받기 전과 진료 후 돈을 내고 처방전을 받을 때까지 적잖은 대기 시간을 이미 경험했습니다. 그 상황을 알기 때문에 약국 직원들은 한 마음이 되어서 대기 시간을 줄이려고 노력합니다. 앞 장에서 약사가 단거리 선수라고 말한 것처럼 처방 내용 확인, 필요에 따른 의문 조회, 신속·정확한 조제, 알기 쉬운 복약지도에 걸리는 시간을 단축시키려고 노력합니다.

전력질주의 상쾌한 피로감

오해를 각오하고 말하자면, 약사는 처방전을 받아들면 농담이 아니라 1분 1초라도 빨리 약을 조제해서 건네주는 일에 의식 대부분을 쏟아 붓는 게 아닌가 싶습니다. 골(약을 건네는 일)까지 다다르면 다시 스타트라인(처방전을 받는 일)까지 돌아오는 일을 반복합니다. 전력으로 40번 달리면 당연히 지칩니다. 기분 좋은 피로감을 느낄 때도 있지만 과도한 노동이 될 때도 있을 테지요. 그럼에도 업무를 끝내고 약국을 나설 때 어느 정도 시원한 기분이 든다면 지나친 말일까요?

기록 단축을 위해서는 기술 연마를 빼놓을 수 없기 때문에 자연히 평생교육에도 열을 올립니다. 약사가 진지하게 평생교육에 덤비는 모습은 운동선수가 훈련하는 감각, 보디빌더가 근육 키우기에 열중하는 상태와 닮았는지도 모릅니다.

달리는 건 약사가 아니다

의료에서 달리는 건 환자입니다. 환자는 질병 치료, 때에 따라서는 인생의 끝이라는 골을 향해서 묵묵히, 때로는 크게 몸부림치면

서 달립니다. 그것은 100미터 단거리가 아니라 마라톤입니다. 의사와 간호사는 그런 환자와 나란히 달리는 코치가 아닐까요?

그러면, 약사는 어떤가?

한편 조제 업무에 특화된 약사는 군데군데 있는 급수 지점에서 선수에게 물이나 음료를 건네는 '급수 지점 스태프'처럼 보입니다. 물론 먼 거리를 달릴 때 필요한 수분과 미네랄, 영양소를 건네는 일은 중요합니다. 코치인 의사가 골라서 준비해 준 것을 뛰어가는 선수가 받아들기 쉽게 건네려면 기술도 필요합니다. 힘들어 보이는 선수에게는 상냥한 말을 건네고 싶어서 한순간의 소통을 궁리하는 것도 보람 있을 테고요. 선수의 시간을 빼앗지 않으려면 준비하는 손재주를 갈고 닦아서 빈틈없는 태세를 갖추고 기다려야 합니다.

급수 지점
스태프?

119

만약 다른 선수한테 줄 음료를 건네거나, 준비하는 데 시간이 걸리거나, 건네는 방법이 서툴러서 떨어뜨리기라도 하면 선수가 화를 내고 기록도 떨어질 테지요. 그러니 약사도 죽을힘을 다해 일에 매달립니다. 그 일은 지금도 중요합니다.

얼굴이 보이지 않는 건 그 탓?

그런데 말입니다. 이 일에는 한 가지 편리한 점이 있습니다. 만약 음료를 건네준 선수 중 하나가 나중에 상태가 나빠졌다거나 쓰러졌다는 말을 들었다고 하면, 아마 진심으로 불쌍하다고 생각할 테지요. 하지만 자신은 지시대로 적절한 타이밍에 받기 쉽게 건네 주었고 마음을 담아서 "힘내"라고 말해 줬으니 잘못한 건 없다고 마음을 정리할 수 있지 않을까요? 하루 40명에게 건네면서도 정해진 절차를 제대로 지켜서 건넸으니 책임은 다했다고 생각할 수 있습니다. 반대로 선수가 '그때 받은 음료가, 그야말로 생명수가 되어 마지막까지 달릴 수 있었다.'고 생각한다 해도 황급히 통과한 지점에서 누가 건네주었는지 기억하지 못한다면 그 역시 어쩔 수 없는 일일 테지요.

이상하게도 조제 업무에 대해 '약사의 얼굴이 보이지 않는다'는 말이 종종 나오는데, 그 일과 이 급수 지점 스태프가 서는 위치는 묘하게 일치하는 것 같습니다.

코치의 역할

조금 억지스런 이야기일지도 모르지만 이번에는 약사가 코치라고 하면 코치의 일은 무엇일까요? 코치는 물리적으로나 정신적으로나 곁에 있으면서 그때그때 선수의 상황을 점검해 줍니다. 뭔가 난처한 일이 생기거나 힘든 상황일 때 코치에게 말하면 적절한 지시와 처치를 해 줍니다. 때에 따라서는 환자 자신도 깨닫지 못하는 안 좋은 점까지 정확하게 지적해 줄지도 모릅니다.

의료에서는 환자의 상황을 파악해야만 합니다. 약사가 바이털 사인과 혈액 검사, X-ray와 CT, MRI, 초음파 같은 화상 검사에 대해 공부한다면, 그 목적은 환자의 상황 파악이어야 합니다. 즉 코치로서의 임무를 끝까지 해내기 위한 것이어야 합니다. 거기서 그치지 않고 환자 상황을 객관적으로 나타내는 각종 데이터와 결과를, 소속 의료 팀의 성과로서 평가하는 일도 중요합니다. 요즘 기본적인 바이털 사인은 헬퍼*나 환자 자신, 혹은 가족도 간편한 기기로 측정할 수 있습니다. 또한 심전도에는 자동진단 알고리즘이 탑재된 것도 있어서, 그것을 보면 대체로 이상이 있는지 없는지 추측할

---

* 방문 돌봄 전문직. 음식과 배설 등 환자 수발과 심신 간병, 청소와 세탁 등 생활 돌봄, 통원을 위한 보조 역할 등을 한다.

수 있습니다. 그렇기에 약사는 데이터 측정과 해석만으로 끝내면 안 된다고 생각합니다. 지난번에 자신이 조제한 약은 치료에 적절했는지 아닌지를 평가해야만 합니다.

나아가서 잘되고 있든 아니든 다음 약물치료 방침은 어떻게 할 것인지 약사로서 의견을 굳혀야 한다고 생각합니다. 굳이 말하자면 다음 치료 방침에 관한 '결단'이라고도 할 수 있습니다.

코치의 일은 끊이지 않는다

또한 하루가 끝나도, 코치의 역할은 끝나지 않습니다. 환자가 골에 도달하든지 다른 코치가 인수할 때까지, 환자에게 무슨 일이 있을 때 책임져야 하는 입장에 서 있습니다. 선수와 코치의 미묘하지만 명확한 입장 차이 때문에 약사가 팀 의료 속에서 당혹감을 느끼지는 않을까요?

코치의 역할

클라이언트의 상황을 파악한다
바이털 사인

개입 성과를 평가한다
약학적 평가

결단한다
책임

약사는 의사와 마찬가지로 환자와 나란히 달리면서 환자의 상태를 파악하고, 약효가 제대로 나오는지, 부작용은 없는지를 판단하며 의사와 협동해 환자를 지탱해야 합니다. 그것이 중요한 역할입니다. 이러한 맥락에서 생각하면 '약사는 조제하면 끝이 아니다'라는 것, 약사에게 있어서 바이털 사인과 이학적 검사, 공동 약물치료 관리라는 개념도 분명히 납득할 수 있을 겁니다.

의문 조회를
좇아라

2

몰두하는 것의 무서움

'약사 자신이 달리는 게 아니다. 달리는 것은 환자이다.' '급수 지점 스태프가 아니라 나란히 달리는 스태프이다.'라는 비유는 강연회에서도 반응이 좋습니다. 그렇지만 '대체 어떡하면 좋지?'라는 생각을 하지는 않나요?

그도 그럴 것이 지금 약사 업무는 나름대로 완결된 형태로 의료

속에 자리하고 있기 때문입니다. 다른 의료 종사자와 환자뿐 아니라 약사 자신도 처방전이나 처방 지시를 약과 교환하는 것이 접점이라고 여깁니다. 그것이 설령 급수 지점 스태프 같은 일이어도 급수 지점은 절대로 필요한 장소이고 거기서 받는 물은 굉장히 중요한 것이기 때문입니다.

또한 약사의 일 중 많은 시간은 조제 업무에 매몰되기 십상이고 현상을 타파하기 위해 무언가를 생각하거나 행동하기는 쉽지 않습니다. 그것은 지당한 일이라고 생각하지만 동시에 앞 그림과 같은 모습을 떠올리고 맙니다.

현실에서 눈을 돌리는 방법

앞 그림은 어떤 동물을 흉내 낸 것입니다. 영어로는 무슨 스타일이라고 하는 모양인데, 무엇일까요? 머리를 모래 속에 처박고 있는 구도입니다. 강연회에서 상당수의 약사에게 물어보았지만 지금까지 정답을 맞힌 사람은 한 명뿐입니다.

정답은 타조 스타일Ostrich Style입니다. 그러면 타조 스타일은 무슨 뜻일까요? 이것은 몸에 위험이 닥쳤을 때 취하는 타조의 독특한 행동입니다. 타조는 치타가 덮칠 것 같으면 머리를 모래에 처박습니다. 공포에서 가장 빨리 벗어나는 방법은 보지 않는 것이기 때문입니다. 물론 이대로는 아무런 해결도 되지 않고 잡아먹힐 뿐입니

타조 스타일

다. 도망칠 다리가 있는데도……. 서글픈 우화이지요.

모래에 머리를 박는 이 행동, '몰두'라고 하는 말과 닮지 않았나요? '몰두'는 한 가지에 집중해서 달라붙는 모습을 나타냅니다. 좋은 뜻이지요. 의료에 있어서도 '몰두'는 훌륭한 말입니다. 눈앞의 환자에게 몰두하여 한 마음으로 뭉쳐서 치료합니다. 이것은 제가 의료에 뜻을 둔 뿌리와도 이어집니다. 그걸 하고 싶어서 의료 업계에 들어왔다고 할 수 있지요. 문자 그대로 침식을 잊고 몰두할 수 있는 게 의료입니다. 또한 그 모습은 옆에서 보아도 열심인 의사와 약사로 보이기에 아무도 비판하지 않습니다.

몰두하면 현재 생활이 성립된다

그런데 잘 생각해 보면 지금 약사뿐 아니라 일본 의료 전체에 큰 위기가 닥쳐오는 상황입니다. 초고령사회에 돌입하여 인구 구성과

146

질병 구조가 급속히 변화하는 가운데 새로운 사회보장제도를 구축하고 있습니다. 지금까지의 사고와 접근방식으로는 풀어 갈 수 없습니다. 이것은 의료를 받는 쪽이나 제공하는 쪽 모두 어렴풋이 알고 있습니다. 그것이 드디어 옴짝달싹 못할 상황까지 왔습니다.

그런 상황임에도 눈앞의 환자 혹은 처방전 조제에 '몰두'하고 있으면 닥쳐오는 공포를 잊을 수 있습니다. 더구나 약국에서든 병원에서든 그 일에 '몰두'하고 있으면 급료도 받을 수 있고 생활을 유지할 수 있습니다.

의사도 재택 의료 계획에 참여해야 한다는 목소리가 전부터 높았는데 좀처럼 진전되지 않고 있습니다. 눈앞의 외래환자 치료에 '몰두'하며 하루가 지나고 그러면 생활이 성립되는 게 현실이기 때문입니다. 의사도 그렇지만 약사가 변화하기 어려운 것도 이렇게 보면 아주 당연하지 않을까요?

어디서 '실마리'를 찾을 수 있을까?

현재 약사의 업무는 반들반들한 공이 빼곡하게 들어차 있는 상황과 비슷합니다. 평범하게 집어서는 꺼내기 어렵습니다. 반들반들해 보여도 어딘가에 실마리가 될 부분이 있을 터입니다. 찰싹 달라붙은 식품용 랩 끄트머리를 찾는 느낌입니다.

저는 실마리 중 하나가 의문 조회에 있다고 생각합니다. '의문 조회 같은 거 의사가 들어주지 않는데……'라고 생각할지도 모릅니다. 그런데 뜻밖에도 그것이 포인트입니다.

의문 조회를 할 때, 약사는 무엇을 생각할까요? '다른 약을 먹는

이 환자한테 이 약을 함께 쓰는 건 위험할 수 있어.' '이 용법에 이 용량은 너무 많아.' 등등 의약품의 적정 사용 및 의료 안전 확보 관점에서 문제가 있다고 판단합니다. 그런데 약사의 진언이 받아들여지지 않을 때가 적잖은 게 사실이고, 그때마다 약사로서 느끼는 무력감도 많습니다. 실제로 처방 의무는 의사에게 있고, 만일의 사태가 벌어졌다 해도 최종 책임은 의사가 지게 됩니다. 그러니 얘기해 봐야 별 수가 없다며 포기해 버릴지 모릅니다.

또한 약국은 주변 처방의와 좋은 관계를 유지하는 게 여러 가지 의미에서 좋기 때문에 일을 복잡하게 만들고 싶지는 않습니다. '뭐, 선생님이 그렇게 말씀하신다면야.' 하면서 의문 조회를 했다고 약력에 남길 뿐입니다. 약사 입장에서는 한 건을 끝내 버린다고 할까요.

환자가 도랑에 빠져도 상관없다?

의문 조회는 이대로 쭉 걸어가면 도랑에 빠질 게 뻔하기 때문에 나아갈 방향과 나아가는 방법을 바꾸는 게 좋다고 말하는 것이라 생각합니다. 그런데 그것을 의사한테 말했다가 "괜찮아요. 그대로 나아가면 돼요."라는 대답을 듣고서 물러난다면 환자는 약사가 상정한 도랑을 향해서 계속 나아가게 됩니다.

약력에 기록하면 끝이라는 태도는 '환자가 도랑에 빠지는지 안 빠지는지' 상관없다는 뜻으로 풀이됩니다. 그런데 그것이 약사가 젊은 시절에 꿈꿨던 이상적인 모습일까요? '국민의 건강한 생활을 확보한다'는 약사법 제1조의 이념에 합치할까요? 환자가 어떻게 되든 약사한테는 정말로 관계가 없을까요?

그러니까 의문 조회를 좇아라!

약사는 받아들여지지 않은 의문 조회를 좇아야 합니다. 예를 들어 암로디핀 5mg 투여라는 처방이 나왔다고 하면, 이 환자에게 그것이 과도하지는 않을까, 처음에는 2.5mg 정도가 좋지 않을까, ACE 억제제 같은 걸 쓰는 방법도 있지 않을까 생각해서 의문 조회를 합니다. 하지만 의사가 그 의견을 받아들이지 않고 "그대로 내주세요."라고 하면 이루지 못한 의문 조회가 되어 버립니다.

현재 상황에서는 당연히 그대로 조제해서 건넬 수밖에 없습니다. 자기 생각을 최대한 전하기 위해서 "만약 복용을 하고 나서 어지럽거나 얼굴이 화끈거리면, 약이 너무 잘 듣는 것일 수 있으니 의사한테 진찰을 받아 보세요."라고 말할지도 모릅니다.

그런데 이 말을 들은 환자는 '어, 이 약은 그렇게 독한 건가?' '정말 먹어도 괜찮을까?'라고 생각할 수 있습니다. 때에 따라서는 복약 지도를 하는 약사에게 질문을 할지도 모릅니다. 약사는 자신이 옳다고 생각한 의문 조회가 받아들여지지 않아 마음이 복잡한 상태입니다. 적잖이 침통한 표정으로 "양이 좀 많은가 싶은데, 주치의 선생님은 그대로 괜찮다고 하셔서요." 같은 설명을 할지도 모릅니다.

그렇게 되면 환자의 불안은 커질 테지요. 고혈압에는 자각증상이 없을 때가 많으니 어쩌면 복약을 중지해 버리지 않을까요? 나중에 그 일이 의사 귀에 들어가면 "어째서 그렇게 쓸데없는 소리를 한 거야!"라고 쓴소리를 들을 테고 그다음부터는 의문 조회를 하기가 점점 더 어려워집니다. 최종적으로 환자 상태는 좋아지지 않고 의사와 관계도 악화되어 나아가 약사의 입지가 좁아지는 악순환에 빠질 수도 있습니다.

Day X에 문제가 일어나지는 않았는지 확인한다

이런 경우에 중요한 것은 의문 조회를 좇는 일입니다. 오늘부터 암로디핀 5mg을 투여하는데 환자의 연령, 체중, 신기능, 복용 중인 다른 약을 고려했을 때 투여량이 지나치게 많다고 판단합니다. 그 사실을 의사에게 전합니다. 그러나 받아들여지지 않습니다. 이때가 중요합니다. 우선은 의사의 처방대로 조제해서 건넵니다. 하지만 약사는 앞일을 내다보고 있습니다. 여기서 중요한 점은 시간 축입니다.

오늘 약사가 과다하다고 판단한 약제 복용이 시작되고 나서, 대

day 0　　　　　　　day X　　　　　　　day 14

어세스먼트

체 언제 문제가 나타날까? 그 'Day X'를 약사는 짐작할 수 있지 않
을까요?

　이를테면 의사는 14일분을 처방했습니다. 14일이 지난 뒤 직접
진찰하여 성과를 확인하려는 것입니다. 의사가 '직접 확인할 테니
괜찮다'고 생각하는 것도 약사의 의문 조회를 받아들이기 어렵게
만듭니다.

　의문 조회가 받아들여지지 않았을 때는 예상되는 'Day X' 하루
나 이틀 전에 혈압치를 입수합니다. 예상한 대로 저혈압 경향을 보
이면 곧바로 의사에게 전하는 겁니다. 만약 그날에 아무도 혈압을
측정하지 않았다면 직접 할 뿐이지요.

　그렇게 새로운 정보를 가져온 약사에게 의사는 분명히 이렇게
말할 테지요. "어? 정말인가요? 양이 조금 많았나요?"라고요. 그때
는 약사 이야기를 충분히 잘 들을 것입니다.

환자 정보를 추적해서 전한다

즉 이 약은 이렇고 저렇고 하는 일반적인 정보가 아니라 약사가 환자의 정보를 추적해서 상태 변화의 이유를 약학적으로 읽어 내고, 그 내용을 의사에게 전함으로써 약사의 제안은 훨씬 잘 통합니다. 이것이 약사의 변화를 가져올 요점입니다.

물론 흔히 말하는 의약품 정보는 중요합니다. 기존에 하던 대로 병용을 피하고 신중하게 투여해야 합니다. 하지만 그런 정보는 환자 개인의 시간 축에 의존하지 않습니다. 또한 인터넷으로 검색하면 누구나 어느 정도는 입수할 수 있습니다. 정보의 신선도와 그것을 해석하는 독자성이 의료에서는 중요한 일입니다.

언제부터 효과가 날까요?

제가 이렇게 생각하게 된 계기가 있습니다. 지금부터 4년쯤 전이었을 겁니다. 저녁 무렵에 외래로 온 70대 전반 여성은 문진표에 '감기 같다'라고 적었습니다. 진찰실에 들어와 문진을 하는데, 한 달 전부터 두통이 생겼다고 합니다. 목구멍이 붉어지지도 않았고, 경부 림프절이 붓지도 않았습니다. 청진을 해도 상기도감염을 의심할 만한 소견은 보이지 않았고 콧물, 기침, 가래, 목의 통증 같은 자각 증상도 없었습니다.

정리하면 머리가 무겁고 아픈 증상이 계속되어 찾아온 것이었습니다. 초진 환자였기 때문에 혈압도 측정해 보았는데 수축기 혈압이 160mmHg를 넘었습니다. 얼굴 화끈거림과 어깨 결림이 있는지 물었더니 있다 하고 두통은 박동성 둔통이었기 때문에 저는 이렇게 말씀드렸습니다.

"두통은 감기 때문이 아니라 고혈압 때문입니다. 식사는 저염으로 하시고 아침저녁으로 산책해 보시는 게 어떨까요? 그리고 약을 내어 드릴 테니 다음 주에 다시 와 주세요."

그렇게 말하면서 머릿속으로는 '고령이기도 하고, 극단적으로 높지도 않아. 생활습관 개선도 동시에 시작하니까, 칼슘길항약이 아니라 에날라프릴말레산염(ACE 억제제)을 쓰자.'라는 생각을 했습니다.

아니, 그렇게 금방은……

그러자 그 환자는 조금 난처한 표정으로 "선생님, 제 두통은 언제쯤 없어질까요?"라고 묻는 겁니다. 저녁 진찰 시간이었으니 분명히 집안일을 중단하고 오셨을 그 환자에게 고혈압성 뇌증이라는 진단보다 두통이 낫는 게 더 중요했을 테니, 어쩌면 당연한 질문일 수도 있습니다. 다만 그 질문이 뜻밖이었기 때문에 내심 꽤 놀랐고 동시에 초조했습니다. 제 진단이 옳다면 혈압을 내림에 따라서 박동성의 둔한 두통은 가라앉을 터입니다. 그렇지만 언제부터 효과가 나오느냐는 질문을 들을 때까지 그런 생각은 해 본 적이 없습니다.

당시에 이미 15년 이상 의사생활을 했고 외래에서도 나름대로 경험을 쌓아 왔기 때문에 그런 생각은 드러내지 않았습니다. 조용히 이렇게 말해서 그 자리를 모면했지요.

"금방 효과가 나타나지는 않습니다. 댁에서 혈압을 측정할 수 있나요? 그렇다면 혈압수첩을 드릴 테니, 여기에 기입해 주세요. 다음 주에 이 데이터를 보고 약을 다시 조정하겠습니다. 몸조심하세요."

환자는 "아아! 그런가요? 알았습니다." 하고서 진찰실을 나갔습니다. '대체 언제쯤 편해질까요?' 하는 질문에 '혈압수첩에 혈압을 기록해서 다음 주에 다시 오세요.'라고 대답했으니, 그야말로 얼버무린 셈입니다.

졸업 2년차인 약사에게 배우다

환자가 진찰실에서 나가자마자 저는 병원 내 약국에 전화를 걸어서 누군가 약사를 바꿔 달라고 말했습니다. 10초쯤 지나 당시 2년차인 남성 약사가 전화를 받았습니다. 앞뒤 사정을 대충 설명하고 그에게 물었습니다.

"미안한데, 에날라프릴, 언제부터 효과가 나지요?"

"언제부터……, 그리고 보니 대학에서 반감기의 4~5배 지나면 혈중농도는 정상 상태에 달한다고 배웠습니다."

제 머릿속에도 의학부에서 배운, 파도처럼 출렁거리면서 고점을 향해 가는 그래프가 어렴풋하게 떠올랐는데, 자세한 것은 거의 기억나지 않았습니다.

"에날라프릴, 반감기는 어느 정도인가요?"

"어, 잠깐만요. 아, 13~14시간 정도네요."

"14시간의 5배는……70시간. 그러면 3일 정도?"

"그렇지요."

이 대화는 충격적이었습니다. 약을 먹고 곧바로 효과가 나지 않는다는 건 알고 있었지만, 구체적으로 언제쯤인지는 생각한 적이 없었습니다. 의사 경력을 상당히 쌓았다고 생각한 제가 모르는 사실을 졸업한 지 얼마 안 된 젊은 약사가 알고 있었습니다. '전문 교육의 차이라는 게 이런 건가'라는 생각이 들었습니다. 의사와 약사의 영역이 조금 다른 방향에 있다는 사실을 새삼스레 느꼈습니다.

그와 함께 그 지식은 단순히 책 속에 있는 것이 아니라 '대체, 언제쯤이 되어야 나는 편해지는 거죠?'라는 환자의 절실한 질문에 대답할 수 있는, 임상적으로 아주 큰 가치를 지녔다는 사실도 통감했습니다.

약력은 과거 기록이 아니라
미래를 예측하는 도구이다

3

충실한 약력

약사의 앞날을 생각할 때 약력의 존재와 의미를 지금 다시 돌아
보는 일은 중요합니다. 약사 입장에서 약력은 반쯤 공적인 문서이
고, 약국으로서는 의료수가 청구의 증거가 됩니다. 아주 중요한 것
이지요. 의사의 의무기록과 마찬가지로, 약력이 새하얗다면 아무
것도 하지 않은 셈이 됩니다. 약사는 의약분업이 진전되고 병원 임
상 업무가 늘어가는 가운데서도 약사다운 성실함으로 약력 기재를
충실히 하려 애써 왔습니다.

그 충실함의 영역은, 문제중심 체계Problem Oriented System로 관찰
하여 SOAPSubjet, Object, Assecsment, Plan형식으로 쓰는 것인지도 모릅
니다. 환자 정보를 얼마나 많이 끄집어내는가가 승부이고, 그러기
위해서 소통 기술을 얼마나 높일지에 주력하는 분도 있습니다. 더

욱이 요즘에는 객관적인 데이터를 여러 가지 방법으로 손에 넣을 수 있게 되었습니다. 그렇기에 혈압과 맥박뿐 아니라 처방전 여백에 기재된 혈액 검사 데이터까지 빠짐없이 기재하여 더 충실한 약력을 남기려고 분투하고 있는지도 모릅니다. 약력에 관한 양서도 꽤 출간되어 있는 만큼 정보를 머릿속에 집어넣고 세미나도 출석하는 등 더 충실한 약력을 남기려 하는 약사가 대부분입니다. 물론 이런 일은 지금도, 앞으로도 중요합니다. 굳이 말하자면 중요한 점은 손재주나 내용이 아니라 약력을 기재할 때의 태도라고 생각합니다.

과거의 기록인가 미래의 예측인가

그러면 약력에 무엇을 적을까요? 저는 곧잘 질문합니다.

"과거의 기록인가, 미래의 예측인가?"

제가 작성한 의무기록도 생각이 변함에 따라서 내용과 기록 방식이 크게 바뀌었습니다. 연수의 시절에는 채혈, 검사, 회진 준비, 수술(준비를 돕거나 입회)을 하느라 날마다 눈이 핑핑 돌 만큼 바빴습니다. 그런 가운데도 의무기록을 적는 일은 중요합니다. 의사법 제24조 제1항에는 '지체 없이 기재한다'라고 적혀 있습니다. 학생 시절부터 배웠으며 연수의 생활 지도에서도 입이 닳도록 들었습니다. 그러니 어쨌든 써야겠다 생각은 하는데 아무래도 뒤로 미루게 되고, 그러다가 나중에 지도의한테 눈물 쏙 빠지게 혼이 났습니다.

교수 회진 전에 다급히 의무기록을 기재하는 연수의의 모습은 매년 여름 정도까지 병동에서 볼 수 있는 풍물시였는지도 모릅니다. 하지만 지금 저는 의무기록을 백지로 두지 않습니다. 의무기록이 과거의 기록에서 미래를 예측하는 도구로 바뀌었기 때문입니다.

일기 같은 의무기록

'과거 기록인 의무기록'은 일기 같습니다. 오늘은 이런 일이 있었다, 환자의 호소는 이랬다, 검사 결과는 이랬다, 수술을 했다 등등 오늘 일어난 일을 충실하게 기록하는 일이 의무기록이라고 그때는 생각했습니다.

실제로 일어난 일을 되도록 빠짐없이 자세히 적어야 한다고 생각했으니 의무기록 내용은 쓸데없이 길어집니다. 한편 그 내용은 이미 과거 일이기 때문에 아무래도 현재 치료 중인 환자에게 마음과 노력을 빼앗겨 버립니다. 환자 상태가 불안정해지면 눈 깜짝할 사이에 1주일이 지나 버리고 의무기록은 백지로 남아 있고 저는 창백해지는 상황이 되었지요.

미래를 예측하는 의무기록

그러던 제가 지금 적는 의무기록은 미래 예측입니다. 물론 오늘 있었던 일도 적지만 사실 기록 차원에서 요점을 기재할 뿐이고 주로 환자의 향후 전망을 적습니다. 의학적 개입을 하는 목표는 환자가 지금 안고 있는 문제 해결이기 때문입니다. 그 의학적 개입은 진찰 소견과 각종 검사 데이터에 기초한 진단, 그에 대응한 진료 가이드라인에 준하여 여러 가지 방법 중에서 정하는 것입니다.

그런 의학적 개입에 따라서 일어날 수 있는 몇 가지 가능성과 걱정해야 할 위험성 등을 정리해서 적어 둡니다. 지금은 그것이 의무기록의 주요한 내용이 되었습니다. 환자 한 사람에 대해 진찰부터 의무기록 기재까지 일련의 행위가 끝나면 정보는 머릿속에서 깨끗하게 씻겨 나가고, 완전히 새로운 상태에서 다음 환자를 진찰합니

다. 이런 일을 매일 반복합니다.

다음 진찰 때는 지난번 의무기록을 다시 읽습니다. 자신의 사고 과정과 미래 예측 내용을 곱씹고 환자의 상태를 포함한 여러 정보를 떠올립니다. 그때 행한 미래 예측은 오늘의 현실이 되어 눈앞에 나타납니다. 그것을 확인하고 자신의 의료행위가 타당했는지를 다시금 생각하고, 환자가 질병 치료를 향해 나아가고 있는지 아닌지를 가늠하며 다음 수를 생각하는 것이 의사입니다. 이러한 사고와 업무 사이클 속에서 의무기록이 갖는 의미는 더할 수 없을 정도로 큽니다. 의무기록을 적지 않는다는 말은 치료가 진행되지 않는다는 의미로 해석할 수 있습니다.

약사의 미래 예측은 무엇인가?

약사의 약력 관리는 어떨까요? 저는 약사가 아니라서 약력을 기록한 일은 없지만 적잖은 약사들을 만나 본 결과, 약사가 기록하는 약력은 과거의 기록, 일기 같은 약력이 아닐까 짐작해 봅니다.

그러면 약사가 행하는 미래 예측은 무엇일까요? 이제 아시리라 생각합니다. 약사가 처방을 확인한 다음 신속하고 정확하게, 알기 쉬운 설명과 함께 환자에게 건넨 약제가 환자의 체내에서 어떻게 흡수·분포·대사·배설될지, 그 과정에서 약효를 발휘할지 혹은 부작용을 일으킬 가능성이 있는지를 약학적으로 생각하며 앞으로 일어날 수 있는 환자의 상태 변화를 예측하는 게 아닐까 생각합니다.

앞서 소개한 70대 여성의 에날라프릴 처방으로 말하자면 환자의 두통 증상과 높은 혈압이 사흘째 이후로 어떻게 변할지 약사 자신이 예측하는 것이 중요하다고 생각합니다. 그리고 예측대로 사태가 진행되는지, 에날라프릴이라면 헛기침 같은 부작용(부작용도 어떤 시기에 나타나는지 특성이 있을 것입니다)이 있는지 없는지를 확인하기 위해 환자를 찾아가는 등 약사는 환자와 소통을 하지 않을까요? 이처럼 사고방식을 바꾸는 일이 약력의 존재를 바꾸고 약사의 마음가짐을 다잡아서, 새로운 약사상의 실현을 향해 한걸음 내딛는 계기를 만들지 않을까 생각합니다.

처방전에 의문점이 없다는 사실을 어떻게 확인할까?

4

처방전에서 시작하지 않는다

이렇게 생각하면 처방전 검토라는 행위의 무게가 크게 달라지지 않습니까? 현재 약사가 확인하는 사항은 금기와 중복 투여, 상호작용 등 약제의 기본적인 데이터 중심입니다. 물론 금기 투약, 중복 투여가 발생해서는 안 되고 상호작용이 예상되는 투약도 수정·회피해야만 합니다. 하지만 이 정도는 언젠가 기계가 대신할 가능성이 높아집니다. 위험관리의 기본은 상류上流 관리입니다. 데이터베이스를 참조하여 ○인지 ×인지를 판정하는 일은 컴퓨터가 가장 잘하는 분야 중 하나입니다.

의사가 처방을 입력하는 단계에서 피해야 할 약물을 입력하지 못하도록 시스템의 정밀도를 높여 가면 약사 눈으로 검토하여 발견할 수 있는 대부분을 시스템상에서 미리 걸러 낼 수 있게 되지 않을까요? 그렇기에 약사의 일은 '처방전을 검토하는 데서 시작하지 않는다는 사실'이 중요합니다.

환자의 '수수께끼 풀이'에서 시작되는 업무 사이클

그러면 어디서부터 시작할까요? 자신이 약을 건넨 환자의 상태를 직접 확인하여 약학적으로 해독하는 '수수께끼 풀이'에서 시작해야 한다고 생각합니다. 의사는 지난번에 자신이 행한 의료적 개입 결과를 확인하는 데서 다음 진료 사이클을 시작합니다. 단절된 상태가 아니라 나선 계단처럼 계속 이어지는 사이클 속에서 환자와 소통을 시작하고 자신의 전문성에 기초해서 결단을 내리고 전문 기술을 발휘합니다.

약사도 마찬가지입니다. 처방은 의사가 했지만 의사의 진료 방침을 약사 자신이 검토하고 조제했습니다. 즉 동의했습니다. 그러한 약물치료가 환자에게 효과적이었는지 아닌지 약사 자신이 점검하는 데서 시작하는 이미지입니다.

조금 두근거리지 않나요? 자신이 건넨 기관지 확장 약이 제대로 기관지 확장이라는 목적을 달성했는지, 용량은 적정했는지, 과다 투여 때에 보이는 빠른 맥과 가슴 두근거림 같은 증상은 없는지 등을 약사 스스로 확인하는 것입니다.

계속 환자와 나란히 달려간다

이 업무는 연속해서 쭉 이어집니다. 끝이 있다면 담당에서 벗어나든지, 환자의 증상이 가라앉든지, 초기 목적을 달성하여 병이 나아 의료 개입이 필요 없어지든지, 환자가 생명을 끝낼 때뿐입니다.

고령화가 진행되어 만성질환자가 늘어난 일본에서는 많은 환자가 오랜 시간 의료적 개입을 필요로 합니다. 의사와 약사, 간호사, 그 밖의 의료, 돌봄 직종 모두 기본적으로 장기간 환자와 함께 나란히 달려가는 시대가 되었습니다. 앞으로 약사가 환자를 보는 사이클의 시작은 처방전을 받아든 때가 아니라 지난번 투약 내용이 적절했는지 아닌지를 판정하는 때가 될 것입니다.

스스로 바이털 사인을 수집하는 의미

의료에서 환자 상태를 파악하는 수단은 우선 바이털 사인과 이학적 검사를 통해서 이루어집니다. 의료의 흐름을 볼 때 약사가 바이털 사인을 배우고 이학적 접근에 몰두하는 일은 당연하다고 할 수 있지요. 다만 그 데이터를 약사 스스로 모을지 아닐지는 조금 논란의 여지가 있습니다.

'재택 환자라면 약사가 혈압을 측정해야겠지만 병원에서는 간호사가 하루에도 몇 번씩 측정하고 있으니 일부러 약사가 측정할 필요는 없지 않나?' 하는 식입니다. 당연합니다. 저도 의사로서 환자 집에 찾아가는데, 만약 방문 목욕 서비스를 하는 사람이 먼저 와서 바이털 사인을 측정했다면 당연히 그 값을 그대로 받아 적습니다. 다만 조건이 있습니다. '그 값이 내가 예상한 혈압과 맥박, 체온의 범주 안에 있을 때'입니다. 제가 진찰해서 환자 상황을 파악했을 때 환자의 상태가 그 데이터와 다르다면 제 손으로 다시 잴 것입니다. 왜냐하면 그런 데이터를 기초로 진료하고 큰 결단을 내리며 그 결과에 제가 당연히 책임을 지기 때문입니다.

자신이 측정하지 않은 데이터라서 신용할 수 없다는 뜻이 아닙니다. 결단을 내릴 때는 확신할 수 있는 데이터를 기초로 하고 싶을 뿐입니다. 꼭 의료행위에만 한정된 일은 아닐 것입니다. 또 하나 시간 축에 따라 적절한 시기에 수집한 데이터가 중요합니다. 이는 특히 약사에게 두드러지는 일입니다.

약효 평가에서 빼놓을 수 없는 것은 '어느 시기 데이터'인가

앞에서 말한 에날라프릴 예를 다시 보면 간호사가 이튿날에 측정한 데이터는 환자의 경과 관찰이라는 의미에서 중요합니다. 하지만 혈중 농도가 정상 상태에 들어가기 전 데이터이기 때문에 약효를 확인하고자 할 때는 의미 없습니다. 약물치료의 타당성을 해석하고 판단하여 다음 처방을 어떻게 할지 결정할 때는 그만큼 유용성이 높지 않습니다. 약사는 에날라프릴의 현재 용량에 문제가 없는지를 한시라도 빨리 확인하여 필요하다면 용량 가감과 다른 약제 추가도 검토해야만 합니다.

그렇게 마음먹었다면 앞의 이론에 따라 투여 후 3~4일째에 한 번 혈압을 체크해 둬야 할 테지요. 그런데 만약 '다음번 방문간호는 1주일 후에 옵니다'라는 말을 들었다면 어떨까요? 그 1주일 동안 답답해하면서 결과가 나오기를 기다리는 건 이치에 맞지 않습니다. 필요하다면 직접 찾아가서 가장 적당하면서 가장 짧은 시간에 환자를 평가해야 합니다. 그 결과를 치료 계획에 신속히 반영하는 것이 약물치료 적정화를 위해서는 중요하지 않을까요?

병동에서도 마찬가지입니다. 입원 환자라면 시간의 흐름이 조금 빨라집니다. 아침에 투여한 주사약제가 어떤 경과를 나타내는지에 대한 시간 축의 흐름은 주나 일이 아니라 시간과 분이 됩니다. 약사가 데이터를 손에 넣고 싶은 최적·최단 시간에 간호사가 혈압을 측정해 줄지 알 수 없습니다. 물론 때에 맞춰서 혈압 측정 지시를 내리는 방법도 있겠지요. 다만 혈압 측정과 청진 같은 기술은 의료인이라면 누구나가 익혀 두어야 할 기본기로서 평가받아야 할 시대가 되었다고 생각합니다.

요즘 치료적 약물 감시TDM, Therapeutic drug monitoring* 때 채혈 시

간을 약사가 의사에게 제안하는 일이 드물지 않습니다. 그것과 같은 감각으로 약사는 환자 상태를 살펴야 합니다.

● 혈류 내 약물 농도를 일정 수준으로 유지하기 위해 시간 간격을 두고 측정하는 것

조제실은 무인화할 수 있다.
그러면 약사는 어디에 있을까?

5

로봇화와 자동화가 진행되는 건 흔한 일

저는 1969년에 태어났고 이듬해인 1970년에 오사카에서 일본만
국박람회가 열렸습니다. 할아버지 댁에 그 팸플릿이 있어서 초등
학교 고학년 때는 할아버지 댁에 놀러 갈 때마다 꺼내 보곤 했습니
다. 자동화라는 말이 유명해질 때가 마침 그쯤이던가요? 자동으로
연주하는 로봇과 기계가 전신을 씻겨 주는 전자동 목욕탕처럼 미
래에는 로봇과 기계가 인간을 도와줄지도 모른다는 기대에 가슴이
뛰었습니다.

전자동 세탁기가 일본 주부의 생활을 바꾸었다고 합니다. 분명
히 스위치 하나만 누르면 된다는 점에서는 꿈같은 이야기입니다.
저희 집도 전자동 식기세척기와 건조기가 없으면 가사 부담이 순
식간에 커질 것입니다. 몇 년 전에 큰맘 먹고 산 로봇 청소기는 지

금도 일주일에 세 번 묵묵히 바닥을 청소해 줍니다.

세상에 눈을 돌려 보면 다양한 곳에서 자동화와 로봇화가 진행되고 있습니다. 회전초밥집에서는 자동으로 접시를 돌립니다. 10년쯤 전에는 자동으로 초밥을 만드는 로봇도 등장한 모양입니다. 덧붙여 로봇이라고 하면 두 발로 걷는 인간형을 떠올리는 사람이 많겠지만 아직은 조금 넓은 개념에서 로봇이란 말을 씁니다. ①센싱 ②프로세싱 ③액션을 로봇의 3대 요건이라고 합니다. 무언가가 일어나고 있는지 아닌지를 알아내고(①), 그 정보를 해석하고(②), 그 해석 결과에 따라서 어떤 작동을 하는(③) 것입니다. 예를 들어 주스를 만드는 공장에서 일정량의 주스가 제대로 들어갔는지 아닌지를 화상과 센서로 체크해서(①), 일정량 들어가지 않았으면 잘못되었다고 판단하여(②), 그 불량품 병에 표시를 하는(③) 기계는 번듯한 로봇입니다. 요즘에는 이 세 가지 중에서 두 가지를 충족하면 로봇이라고 부른다니 로봇이란 개념이 점점 넓어지고 있습니다.

조제 기기의 자동화

같은 일이 조제실 안에서도 일어나지 않을까요? 전자동 분포기°나 전자동 피킹기, 뭔가 온화하지 않은 이름의 기계가 마구 판매,

---

° 약을 한 봉지씩 담아 주는 포장기

보급되고 있습니다. 또한 오더링과 약력 관리도 전자화·기계화가 진행되고 있는 건 모두가 아시는 대로입니다.

이런 기계가 처음 발매됐을 때는 상당히 비쌌습니다. 한정된 병원과 약국에서만 도입할 수 있었지요. 하지만 시간이 지남에 따라 점점 싸지고 성능도 좋아졌습니다. 학회 기기 전시회장에 가면 넓은 면적을 차지하고 휘황찬란하게 전시하는 곳이 있습니다. 조제 기기와 전자약력 메이커들입니다. 어떤 기계를 보아도 약사의 업무를 효율화하고 지원해 줄 기능을 가득 탑재했습니다.

어쩌면 약사 업무를 기계한테 빼앗긴다고 생각하는 사람도 있을지 모릅니다. 지금까지 약품 선반에서 약을 꺼내는 일은 약사의 업무였는데 기계가 재빠르게 꺼내어 쟁반에 담아 놓습니다. 이것도 앞서 말한 3가지 요건을 충족시키기 때문에 로봇입니다. 지금까지는 한 봉지 한 봉지 손으로 포장하던 일도, 카세트가 잔뜩 든 전자동 분포기가 보급됨에 따라 서서히 약사 손에서 떠나고 있습니다. 처방전에서 2차원 바코드를 읽어 들이기만 하면 순식간에 개별 포장된 약제가 기기에서 튀어나옵니다.

앞으로 처방전 전자화와 전송도 예상됩니다. 의사가 보낸 처방 내용을 화면으로 검토하고 화면상으로 버튼을 누르면, 선반에서 꺼내거나 개별 봉지 포장을 하는 기계적인 작업은 글자 그대로 기계가 하게 되지 않을까요?

처방 검토도 기계화로

처방전 검토도 마찬가지입니다. 환자의 과거 병력이나 다른 병원의 약 데이터를 잘 입력해 두면 그런 기록과 이번 처방 내용에 어긋남은 없는지를 기계가 1초도 안 되어 찾아 줄 것입니다. 현재는 환자 정보가 여러 의료기관과 약국 등에 흩어져 있지만 PHR Personal Health Record이 보급되는 시대에는 환자 정보가 어떤 ID로 묶여 클라우드에 보관될 것입니다. 그렇게 되면 기계와 시스템에 의한 검토 정밀도는 비약적으로 올라갈 게 분명합니다. 이런 시스템도 앞서 말한 3가지 요건을 만족시키므로 조제 로봇이라고 할 수 있겠지요.

복약지도 로봇까지?

남은 것은 복약지도입니다. 요즘 스마트폰 음성 인식 정밀도와 검색 엔진을 활용한 응답 방법 등을 보면 자동화, 로봇화도 불가능하지는 않아 보입니다. 환자는 로봇화한 약국에서 로봇이 검토해서 조제한 약을 받아들고, 모르는 게 있으면 복약지도 로봇에게 묻고, 그 상황은 언제든지 웹에서 확인할 수 있는 시대가 코앞까지 와 있다고도 생각할 수 있습니다. 그렇게 되면 약사가 조제실에, 어쩌면 약국에 있는 시간조차 극단적으로 줄어들지 모릅니다.

역이 변하고 역무원은 어떻게 변했을까?

약사의 현 상태와 미래를 생각할 때 항상 철도 역무원을 떠올립니다. 역무원 일은 수십 년 동안 크게 변했습니다. 초등학생 때 학교 친구들과 놀러 가거나 학원 시험을 치르러 갈 때면 전철을 타기 위해 역에서 표를 샀습니다. 도시 한복판에서는 표 자동판매기가 보급되었지만 창구에서 역무원에게 표를 사는 것도 일상적이었습니다. 저는 나이에 비해 덩치가 컸는데, 초등학교 6학년 때 역무원이 "너 중학생이지?"라며 어른 표를 팔았습니다(체중이 60kg을 넘었으니 무게만 보면 충분히 어른 운임을 받아야 한다는 말도 있었지만……).

종이로 된 정기권에는 유효기간과 승차구간이 진한 고딕체로 크게 쓰어 있었습니다. 역무원은 그걸 꼼꼼하게 보면서 기간이 지나지 않았는지, 규정 승차구간에서 벗어나지 않았는지 점검했던 것 같습니다.

예전에 '키세르'˙라는 수법에 대해 듣고 놀란 적이 있습니다. 요즘 젊은이는 모를 수도 있지만, 부정 승차 수법입니다. 어원인 키세르라는 도구는 나무 대롱 양쪽에 금속으로 된 흡입구와 담배 넣는 불구멍이 달렸습니다. 그것과 마찬가지로 승차 역과 하차 역의 지

˙ 크로아티아어로 담뱃대를 뜻한다.

근거리 구간 정기권만 사고 나머지 구간은 요금을 지불하지 않는 수법입니다. 키세르를 하는지 아닌지를 꿰뚫어 보는 것도 역무원의 중요한 일이었을 겁니다. 지금 생각하면 철도회사에서 현금이 들어오는 곳은 기본적으로 역 매표소뿐입니다. 거리에 따라 정해진 운임을 제대로 받아야 회사로서 존속할 수 있으니 매표소와 개찰구에는 분명히 우수한 인재를 배치했을 것입니다.

역무원을 평가할 때도 표 파는 일이 빠르고 정확하며 손님을 기다리게 하지 않고 운임과 거스름돈 계산을 틀리지 않으면서 손님과 이야기도 잘한다는 데에 중점을 두었을지 모릅니다. 역무원은 역 이름을 보면 운임이(어린이 운임도 포함해서) 떠오르도록, 거스름돈을 빨리 계산해서 건넬 수 있도록, 또랑또랑하게 대응하면서 웃음을 잃지 않도록 날마다 교육 훈련을 받았을지도 모릅니다.

표가 가르쳐 주는 진화의 역사

그런데 표 판매와 개찰 현장은 크게 변했습니다. 이것은 표의 변천을 더듬어 보면 잘 알 수 있습니다. 우선 표 판매가 자동화되어 롤지에 인쇄하는 형식이 되고 나서였다고 기억합니다. 두꺼웠던 표가 부드럽고 얇아졌지요. 지금도 기념 표는 두꺼운 종이를 쓰지만, 일상적으로 쓰는 표는 팔랑거리는 종이입니다.

게다가 새하얗던 뒷면은 자기 데이터를 기억할 수 있게 갈색이나 검정색으로 바뀌었습니다. 개찰이 자동화되었기 때문입니다. 일본에서 가장 처음으로 자동개찰기가 설치된 곳은, 오사카 한큐전철 센리선 종점인 기타센리 역 개찰구라고 합니다. 이 자동개찰기도 로봇입니다. 데이터를 읽어 들여서, 운임이 제대로 지불되었는지를 체크합니다. 올바르면 게이트를 열고 옳지 않으면 게이트를 닫습니다. 지금은 표 대신 IC카드를 대면 내용을 읽어 들여서 운임 계산과 정산을 하지요. 그에 따라 표 파는 곳이 축소되었고 빈 공간에는 서점, 편의점, 은행 현금인출기ATM가 생기는 등 역 구조도 크게 바뀌어 왔습니다. 그야말로 로봇이 사회 구조를 크게 바꾼 사례라고 할 수 있지 않을까요?

철도역의 자동개찰기와 현금인출기는 도쿄에 본사를 둔 오므론 주식회사가 개발했다고 합니다. 그 창업자인 다테이시 가즈마 씨는 "기계가 할 수 있는 일은 기계에게 맡기고, 인간은 더 창조적인 분야에서 활동을 즐겨야 한다."라고 말했다는군요. 이렇게 보면 현재 약국에서 일어나는 변화는 인간이 이루어야 할 진화를 좇는 공통 과정인지도 모릅니다.

자동화와 로봇화, 인간은 어디로 가는가?

조제 업무의 자동화, 로봇화는 약사에게 편치 않은 일일지도 모릅니다. 이대로 과학기술이 진보하여 자동화와 로봇화가 진행되면 사람이 설 자리는 없어지는 걸까요? 앞서 말했듯이 이것은 정상적인 진화 과정이라 생각합니다.

의사 세계에서도 기계화와 자동화는 급속하게 진행되고 있습니다. 혈압 측정 하나만 해도 그렇습니다. 이전에는 직접 재는 것 말고는 방법이 없었지요. 지금은 기계로 측정하는 것이 일반적입니다. 적혈구와 백혈구 수 같은 것도, 예전에는 도말표본塗抹標本을 만들어 눈으로 보며 세었다고 하는데(우리 세대는 의학부 실습에서 말고는 한 적이 없습니다), 현재는 거의 전자동인 혈액 검사 장치가 보급되어 있습니다. 그러면 혈압을 측정하고 혈구 수를 세던 의사는 할 일이 없어져서 낙담했을까요? 물론 그렇지 않습니다. 오히려 기계적인 일은 기꺼이 기계에게 맡기고 더욱 고도화된 의료 기술과 지식을 동원해 질 높은 치료를 베풀었습니다.

역무원의 새로운 일

앞서 말한 역무원은 어떨까요? 표를 파는 일도, 개찰구에서 확인하는 일도 차츰 없어졌으니 절망했을까요? 그런 생각을 하면서 역

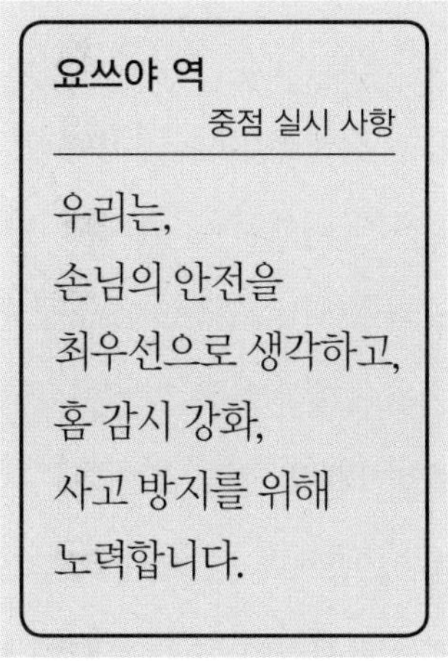

요쓰야 역
중점 실시 사항

우리는,
손님의 안전을
최우선으로 생각하고,
홈 감시 강화,
사고 방지를 위해
노력합니다.

그림 1 역에서 본 벽보

을 걷는데, 〈그림 1〉 같은 벽보가 붙어 있었습니다. 승객을 안전하게 그리고 제 시간에 운송하는 일이 역무원으로서 중요한 업무라는 사실을 다시금 인식하고 있다는 생각이 들었습니다.

애초에 역무원이 되고 싶었던 이유는 아마도 표를 팔고, 표에 가위질을 하고, 정기권 기한을 점검하는 게 아니었을 것입니다. 의사도 혈압을 재고 혈구를 세려고 의사가 된 것은 아닙니다.

사람들은 보통 학생 시절에 장래를 꿈꾸며 미래의 자기 모습을 그립니다. 그러나 사회인이 되어 지내다 보면 당장 눈앞에 닥쳐 온 일을 해내기 바쁩니다. 그것이 정말 자신이 하고 싶었던 일인지 아넌지는 생각할 틈 없이, 눈앞의 일을 잘 해내기 위해 몰두합니다.

그런 생활이 최선은 아니라는 생각을 하더라도, 생활과 가족과 남들에 대한 체면 같은 것들을 떠올립니다. 여기에 변화를 싫어하는 우리 인간의 특성까지 더해져서, 좀처럼 결단을 내리지 못하는 게 아닐까 싶습니다. 최근에 많은 분야에서 볼 수 있는 자동화와 로봇화는 좋든 싫든 우리에게 변화를 가져다줍니다. 얼핏 생각하면 자신이 설 자리를 빼앗길까 봐 공포를 느낄 수도 있습니다. 그런데 말이지요, 애초에 왜 그 업계와 직종을 목표로 했나요? 그 뿌리를 생각해 보면 기계화는 기계적인 작업과 판에 박힌 일과에서 우리를 해방시켜 줄 신호라고 해석할 수도 있지 않을까요?

약사는 어디로 가는가?

최근 30년 정도 의약분업이 급속히 진행되었습니다. 그동안의 약사 모습을 조금 거칠게 표현하자면, 약국 조제실과 병원 약제부에 처박혀 바깥세상과 접촉하지 않고 일한 '문어 항아리 속 문어'나 '어항 속 금붕어' 같았는지도 모릅니다.

그렇게 된 원인은 약사가 조제 업무에 전념해야만 하는 상황이었기 때문 아닐까요? 그런 일을 기계나 기술자가 대응하는 시대가 온다면 약사는 환자와 마주하는 본래 업무에 훨씬 많은 시간을 쏟을 수 있지 않을까요?

애초에 약사가 의료 세계에 뜻을 둔 이유는 조제를 잘하거나 알기 쉬운 복약지도를 하기 위한 건 아니지 않았나요? 중고등학교 때 약사가 되기를 꿈꾼 것은 자신이 가진 지식을 환자 치료에 살려서 힘들어하는 환자를 돕고 싶었기 때문 아닌가요?

그런데 졸업을 하고 현장에 나와 보니 날마다 조제를 반복합니다. 실수 없이 조제하려고 신경 쓰면서 환자하고도 충실히 소통해야 합니다. 잇달아 발매되는 신약 정보도 익힙니다. 그런 나날 속에서 애초에 무엇 때문에 의료에 뜻을 두었는지 뿌리를 잊어 가고 있는지도 모릅니다.

그렇게 생각해 보면 지금 약국과 약사 주변에서 일어나는 변화는 약사가 본연의 자리로 돌아갈 수 있는, 환영해야 할 일이라고 할 수 있지 않습니까?

약국에 오는 환자만
환자가 아니다

6

장소가 생명인 조제약국

제가 친가인 하자마약국의 경영자가 된 것은 2004년 봄이었습니다. 흉부외과의를 하다가 약국 경영자가 되었다는 사실이 신기했는지 다양한 사람들이 이야기를 들려주었습니다. 그중에서 약국 경영 컨설턴트가 이런 말을 했습니다.

"'조제약국'을 할 때는 장소가 생명이에요. 의원이 하나 있고 A, B, C라는 약국이 나란히 있다 생각합시다. 처방전이 A에 하루 100장 들어온다면 B는 60장, C는 36장 하는 식으로 의료기관에서 멀어지면 멀어질수록 60퍼센트씩 줄어듭니다."

장소만 잘 찾으면 나머지는 어떻게든 된다는 취지였지요. 분명히 그런 측면도 있기는 합니다. 보험 조제를 주 업무로 하는 약국에서는 하루 몇 장이나 처방전을 받는가가 아주 중요합니다. 그 매수에 따라 돈을 버는지 아닌지, 즉 그 장소에서 약국을 계속할 수 있는지 아닌지가 결정됩니다.

약국으로서는 그야말로 사활이 걸린 문제입니다. 그러니 컨설턴트의 충고는 옳습니다. 하지만 뭔가 석연치 않은 마음이 남았습니다. 최근에는 어느 증권회사 싱크탱크에 있는 사람과 이야기할 기회가 있었습니다. 그 사람 말은 이랬습니다.

"현재 '조제약국' 약사는 하루 평균 24.7장 처방전을 받아 처리하지요. 그런데 약국 약사는 원래 하루 40장까지 조제할 수 있습니다. 가동률이 61.7퍼센트란 건 별로 높지 않은 수치예요. 대형 약국을 중심으로 기계화가 진행되고 있으니 언젠가는 하루 한 사람당 39.9장 처방전을 받을 수 있는 가동률 99.9퍼센트인 약국이 생기지 않을까요?"

분명히 관련 법규에는 '하루 40장'이라고 규정되어 있고, 자동화·로봇화의 물결은 업계를 그런 방향으로 이끌 가능성이 있습니

다. 하지만 똑같이 의료에 관여하는 의사로서 여전히 납득이 가지 않습니다.

'조제약국'의 우울

처방전 조제를 주 업무로 하는 '조제약국'에는 꽤 고민스런 문제가 있습니다. 업계 전체의 성장이 둔화되는 가운데 여러 영역에서 동종 업체들이 파이를 서로 빼앗기에 이르렀고 이런 상태가 문제의 근저에 깔려 있습니다. 동종 업체들은 옛날부터 있었지만 최근에는 말도 못하게 동종 업체와 파이 쟁탈전을 벌이는 장면도 볼 수 있습니다.

규모가 고만고만한 회사라면 인재 채용이든 신규 출점용 땅이든 어느 정도 궁리를 해서 대항해 갈 수 있었습니다. 하지만 매상 규모와 점포 숫자가 열 배 이상 차이 나는 회사(표 1)와 경쟁은 현실과 동떨어진 이야기입니다.

'보험 조제약국'은 곧잘 '문전약국'이라고 불리는데 이것은 '몬젠마치門前町'라는 말을 흉내 낸 것일 테지요. '몬젠마치'는 유명한 신사나 절 근처에 형성된 마을로 몰려드는 참배자를 노리고 장사꾼들이 모여들던 곳입니다. '문전약국' 입장에서 신사나 절에 해당하는 곳은 물론 의료기관입니다.

대규모 병원 앞에 약국이 몇 개나 어깨를 맞대고 있는 풍경을 쉽

표 1 거대한 동종 업체들과 경쟁한다!?

기업명	점포 수	매상고 (백만 엔)	영업이익 (백만 엔)	주식공개
아인파머시즈	541	154,560	9,701	도쿄증권거래소 1부
일본조제	450	139,488	3,245	도쿄증권거래소 1부
크라프트	329	100,400	−	JASDAQ → 비상장
종합메디컬	403	86,658	4,324	도쿄증권거래소 1부
퀼	438	76,783	2,812	도쿄증권거래소 1부
메디컬시스템 네트워크	287	54,827	2,046	도쿄증권거래소 1부
아이세이약국	266	42,250	1,417	JASDAQ
한신조제약국	152	34,917	2,206	JASDAQ → 비상장
민들레약국	103	32,251	3,224	비상장
프론티어	100	28,615	1,661	비상장
합계	3,069	750,727	30,636	

(각사 홈페이지에서 저자가 조사)

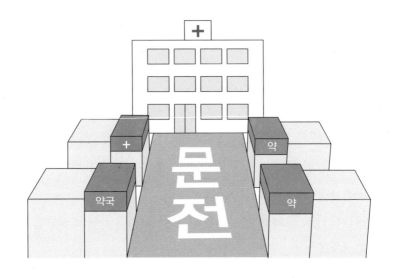

게 볼 수 있습니다. 개인병원 가까이 가게를 내는 약국도 많은데 그들은 '맨투맨 분업'이라 불리기도 합니다. 축구나 농구에서 맨투맨으로 방어하듯이 의료기관에서 나오는 환자를 놓치지 않기 위해 환자를 불러들일 만한 장소에 약국을 내는 것입니다.

그러면 약국이 서는 위치는 문전에 늘어선 선물가게 같은 것일까요? 어느 가게에 가든지 취급하는 상품은 거의 같고 붙임성 좋고 친절한 점원과 이야기를 해도 무난한 말뿐. 만약 5만 5000곳을 넘는 약국과 15만 명을 넘는 약국 약사를 국민 다수가 그런 식으로 생각한다면 이것은 커다란 사회적 손실입니다.

입지만으로 사업에 승산이 있는가?

어느 약국 '연수 센터'에 견학을 간 적이 있습니다. 비교적 규모가 작은 약국인데 연수 공간을 갖고 있다니 감격했습니다. 그런데 실태는 조금 달랐습니다. 연수 센터는 원래 약국으로 쓰던 곳이었습니다. 어느 병원이 원외 처방전을 발행한다고 해서 장소를 찾았지만 시내 중심부라 구하기가 어려웠고, 좁기는 하지만 달리 마땅한 장소가 없는 터라 그곳에 약국을 열었다고 합니다.

몇 년 지나자 몇 집 건너 좀 넓은 건물에 빈 공간이 생겨 조제실과 대기실을 넓힐 수 있어서 약국을 이전하기로 했습니다. 그런데 문득 불안이 머리를 스쳤다는군요. 만약 약국이 이전하고 나서 그 자리에 다른 약국이 들어오면 우리 약국이 병원에서 가장 가까운 약국이 아니게 되어 버린다고……

하지만 약국이 두 군데나 필요하지는 않아서 망설이다가 기존 장소를 연수 센터로 활용하게 됐다 합니다. 저도 약국을 새로 열 때 그런 전략을 써 왔습니다. 역과 버스 정류장을 토대로 하여 사람의 흐름을 보면서 가장 가까운 곳, 의료기관과 우리 약국 사이에 동종 업체가 끼어들지 않을 것 같은 입지를 골랐지요. 독자 중에서도 약국 신규 출점에 관계하는 사람이라면 같은 생각을 할 것입니다. '조제약국'의 출점은 '깃발 빼앗기' 같습니다. 그런데 경합하는 다른 업체가 거대해진 요즘에 중소 약국 체인과 개인약국은 점점 승산이 없어지는 것 같습니다.

줄을 서는 의원

몇 년 전 어느 '의료 빌리지' 개발 이야기를 들었습니다. 넓은 논자리를 말끔히 정비해서 여러 의료기관을 유치한다는 계획이었습니다. 거기에 약국을 낼 수 있는지 검토해 달라는 제안을 받았지요. 기획을 맡은 개업 컨설턴트 사무소에서 개업 예정인 의사 몇 명과 제가 미팅을 했습니다. 의원을 지을 대형 건설회사 분도 참석해서 구체적인 사례를 차례차례 들려주어 무척 흥미 깊었습니다.

빌리지에 지을 의원 건물 조감도를 꺼냈을 때입니다. 컨설턴트는 이렇게 말했습니다.

"이거, 입구에서 주차장까지 가는 통로에 지붕을 달아 주세요."

맵시 있는 건물에 지붕이라니? 개업 예정 의사와 담당 건축사가 이상하다는 표정을 띠는데 그는 이렇게 말을 이었습니다.

"이른 아침부터, 환자가 쭈욱 늘어설 테니까요."

과연 그렇습니다. 저희 집 근처에도 아주 인기 있는 개업의가 몇 분 있는데 거기에는 이른 아침부터 환자가 줄을 섭니다. 어느 이비

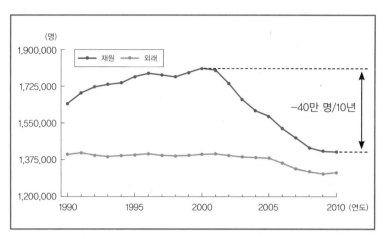

그림 2 하루 평균 외래 환자 수는 10년 새 20% 줄었다
(후생노동성 : 2010년 의료시설 조사 · 병원 보고 개황, 2012)

인후과 선생님은 환자가 붐비는 겨울철, 아침 7시에 진료를 시작했는데 접수 번호가 50번을 넘었다더군요. 그래서 그런 얘기인가 보다 하면서 들었습니다. 개업 컨설턴트는 이 입지에 이 의사라면 반드시 환자가 모일 거라고 확신한 것 같습니다.

진료 권역 조사, 의사의 특성, 좋은 입지와 접근성 좋은 간선도로 등 모든 조건을 갖추었기에 자신을 내보였겠지만 저는 적잖은 위화감을 느꼈습니다. 분명 개업 초에는 그렇게 될지도 모릅니다. 하지만 10년, 15년 후에는 어떻게 될까요?

후생노동성 통계에 따르면 하루 평균 외래 환자 수는 최근 10년 새에 급속히 줄었습니다. 전국에서 하루 180만 명 가깝던 환자가

140만 명 정도로 약 20퍼센트 감소했습니다(그림 2). 약국 일은 대부분 외래 환자를 대상으로 합니다. 그러니 잘 생각해 보면 등골이 서늘해지는 자료입니다. 외래만큼 극단적이지는 않지만 하루 평균 입원 환자 수 역시 감소했습니다. 그러면 환자 수는 줄고 있는 걸까요? 물론 그렇지는 않습니다.

로커모티브 증후군, 인지증, 장기 처방

외래 환자 수의 감소는 고령화가 이전보다도 진행되었기 때문 아닐까요? 일반적으로 나이를 먹을수록 질병에 걸릴 확률은 높아집니다. 특히 최근 30년 정도는 베이비붐 세대가 청년기를 지나 중년, 노년이 되어 온 시기와 겹칩니다. 옛날에는 성인병이라고 표현했던 고혈압, 당뇨병, 지질이상증 같은 병은 생활습관병이라고 명칭을 바꾸었습니다. 어른이 되면 누구나 어쩔 수 없이 걸리는 병이 아니라 생활습관 자체가 일으키는 질환이라는 사실을 알리고, 질병 예방을 위해서는 국민이 생활습관 개선에 신경 써야 한다는 뜻입니다. 이들 병은 합병증을 막기 위한 약물치료가 중요합니다.

생활습관병의 외래 약물치료는 아주 큰 시장을 형성하고 있습니다. 병원의 외래 진료는 덩치가 커졌고 그 환자들을 받아들이기 위해 약국 정비, 의약 분업을 진전시켜 온 게 아닐까 생각합니다. 그런데 고령화가 진행되면 상황이 조금 달라집니다. 비만과 운동부족은 무릎 관절 이상과 하지근력 저하를 부르고 스스로 움직이기가 점점 어려워집니다. 최근 정형외과 의사들은 '로커모티브 증후군'이란 개념을 제창하고 있습니다. 이것은 칼로리 과다, 운동부족, 자동차 사용 증가 등 구조적인 문제에 따라 일어난 '증후군'이고, 당분간은 계속 늘어날 것으로 보입니다.

인지증 문제도 중요합니다. 병원 진료를 받으려면 스스로 다닐 수 있어야 하고 약물치료를 제대로 하려면 때마다 스스로 약을 챙겨 먹어야 합니다. 2013년 후생노동성 조사에 따르면 인지증 환자는 462만 명에 달하고, 전국 고령자 중 15퍼센트가 인지증으로 추정됩니다. 또한 인지증이 될 가능성이 있는 경도 인지장애MCI, Mild Cognitive Impairment 고령자도 400만 명으로 추정되기 때문에 앞으로 인지증 환자 수는 급속히 늘어날 것입니다. 인지증 증상이 나타나면 아무래도 혼자서 통원하기는 어렵습니다.

더욱이 제도적 문제도 있습니다. 종래에는 의약품 남용과 심한 부작용을 방지하고자 처방 일수에 제한을 두었는데 몇 년 전에 그 제한이 없어졌습니다. 물론 새로운 의약품과 마약, 향정신성 의약품 투여 일수에 제한은 있지만 환자 수가 많은 생활습관병에 대해서는 원칙적으로 장기 처방이 가능해졌습니다. 약국에서 90일 이상인 처방전을 받아 처리하는 일은 이제 일상적인 풍경이 된 것 같습니다. 이 세 가지 사항이 전부는 아닐 테지만, 이 모두가 외래 환자 수를 감소시키는 커다란 요인 아닐까요?

입원 환자 수 감소도 시대의 추세

1일 평균 입원 환자 수의 감소는 역시나 평균 재원 일수* 단축 때문이라고 생각합니다. 현재 급성기 병원에서는 10~11일 정도 입원합니다. 제가 연수의일 때만 해도 위암이나 대장암 환자는 수술 전 정밀검사를 포함해서 4~6주 정도 입원했으니 그야말로 격세지감을 느낍니다.

여기서 말하는 10~11일은 '평균' 재원 일수입니다. 불행히도 입원 기간이 길어지는 환자는 일정 비율로 있습니다. 거꾸로 보면 입원 기간이 짧은 환자도 많지요. 일본간호협회 회장이었던 사카모토 스가 씨가 강연에서 소개한 NTT동일본 간토병원 자료를 보면 환자 중 3분의 1은 3일 이내, 2분의 1은 6일 이내, 70퍼센트는 9일

---

* 평균 재원 일수(ALOS, average length of stay): 환자가 의료기관에서 보내는 평균 일수로, 입원 환자의 총 재원 일수를 실제 입원한 환자 수로 나눈 비율이다.

이내에 퇴원합니다.

그러고 보면 제가 한창 외과의 생활을 할 때는 수술 후에 봉합한 부위의 실을 뽑고, 목욕탕에 들어가 본 뒤에 퇴원하는 것이 일반적이었습니다. 그러나 최근에는 실 뽑기뿐 아니라 항암 약물치료와 방사선치료도 외래를 기본으로 합니다. 의료 기술의 진보와 의료비 적정화 정책의 흐름 속에서 입원 기간 단축은 당연한 일일지도 모릅니다.

그러면 환자들은 어디에 있을까?

전체 환자 수는 늘었는데도 외래에 오지 않는다(올 수 없다)면 환자는 어디에 있는 걸까요? 요즘 흐름이 재택 의료로 변하는 데서 알 수 있듯이, 집과 돌봄 시설에서 장기 요양을 하는 고령자가 급속히 늘고 있다고 생각합니다.

다만 자택 장기 요양은 인적, 경제적, 물리적 요인을 갖추지 않고서는 어렵습니다. 집도 꽤 널찍하고 보험 외 지출 능력을 어느 정도 갖춘 가정이라면 모를까, 그렇지 않으면 인지증이나 일상생활 동작 능력ADL, Activity of Daily Living 저하 고령자의 생활을 지지하기가 힘듭니다. 방문진료를 하면서 실감하는 부분이지요. 그러니 많은 경우에 돌봄 시설을 찾게 됩니다. 그러나 노인 보건 시설과 특별 양호 노인홈처럼 대규모이고, 돌봄·의료 종사자가 나름대로 갖추어지고, 공적 보조도 든든하게 받는 곳은 숫자가 한정되어 있습니다. 들어가려면 1년에서 몇 년씩이나 기다려야 하는 특별 요양 노인홈 이야기도 심심찮게 듣습니다.

거주 시설로 가는 흐름

결국 부담을 조금 지더라도 거주 시설이라 불리는 유료 노인홈 이나 그룹홈 등, 일단 의식주와 의료·돌봄을 확보할 수 있는 생활 장소로 옮겨야 하는 상황이 되었습니다.

바야흐로 장기 요양으로 시작해 그 도착점으로서 임종을 지키는 현장은 의료기관에서 자택으로, 그리고 의료보험에서는 '동일 건물*'로 분류되는 거주 시설로 이동하고 있습니다. 정부도 2025년 까지는 110만 실의 '거주 시설' 정비를 목표로 하고 있습니다. 즉 환자가 있는 장소는 외래에서 이와 같은 곳으로 변하고 있으며 약국이란 존재도 큰 변혁에 내몰리게 되었습니다.

● 요양 거주 시설에서 한 건물이나 이어진 건물에 방문간호 사업소를 내어 운영하는 경우 이를 동일 건물이라 한다. 2018년 개정을 거쳐 동일 건물에는 방문간호 시 받을 수 있는 보험 수가를 하향 조정하였다.

약국 3.0이라는 사고방식

외래 환자가 집이나 돌봄 시설로 옮겨 간다는 말은 의료 현장이 이전에 없던 곳으로 바뀐다는 뜻입니다. 저는 이와 같은 흐름을 느끼고 2006년에 〈약국 3.0〉이라는 개념을 제창했습니다(그림 3).

환자가 있는 곳이 바뀜에 따라 의사와 치과의사, 간호사는 '재택 요양 지원 의원' '재택 요양 지원 치과 의원' '방문간호 스테이션' 등을 거점으로 하여 환자를 찾아가고 있었습니다. 당시에는 약국의 재택 의료 참여가 지금처럼 중요하지 않았고 약사도 재택 의료 현

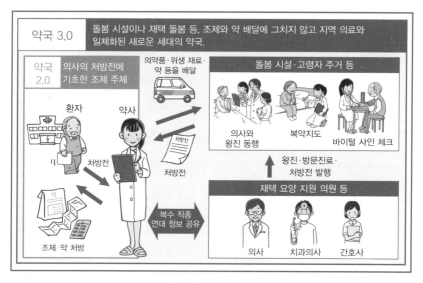

그림 3 〈약국 3.0〉의 개념

장에서 무엇을 해야 할지 답을 찾지 못한 시기였습니다.

재택 요양 지원 의원의 실제를 알다

가까운 장래에는 분명히 재택 약물치료 지원에 약국과 약사가 깊이 관여하게 되며 어떻게든 그 방향으로 나아가야 할 거라 생각은 했습니다. 하지만 외래 조제의 정비를 목적으로 한 조제 보수 인센티브가 아직 있던 시기였고, 약국 경영상으로도 아직 '조제약국'으로서 특화해 나가는 것이 중요했기에 저도 좀처럼 결단을 내리지 못하고 있었습니다. 그런 때에 우연히 대학 동기와 선배 의사가 재택 의료 전문으로 개업한다는 소식을 들었습니다. 의원을 개업하는 날 궁금하기도 해서 구경 갔는데 여러 가지로 놀라운 일, 생각하게 한 일이 있었습니다.

하나는 입지와 세든 건물의 특이성이었습니다. 의원은 통상 사람 통행이 많은 역 앞이나 상점가에 냅니다. 최근에는 의료 몰 같은 곳도 많습니다. 그런데 제가 견학한 곳은 전혀 달랐습니다. 특히 선배가 개업한 의원은 아파트의 한 칸에 있어서 '이런 시대가 왔구나.' 하며 계단을 올라갔습니다.

또 하나 놀란 점은 의원 내 구조와 장비였습니다. 일단 대기 공간은 있지만 그야말로 '일단'이라는 느낌이었습니다. 진찰실에도 X-ray 사진을 거는 장치도 없고 X-ray실도 없었습니다. 대신에 컴퓨터가 줄줄이 놓인 사무실에서 간호사와 사무원이 화면을 바라보고 있었습니다.

1년 반 정도 일주일에 한 번씩 동기가 개업한 의원을 도와주러 간 일도 큰 공부가 되었습니다. 그곳에서는 환자 자택을 찾아가 진료한 후에 처방전을 그 자리에서 작성해 건네주었습니다. 그런데 의사가 찾아가서 진료할 정도면 환자 상태가 좋지 않겠지요. 이동을 도와줄 보조인이 필요하기도 하고 인지증 때문에 돌봄을 필요로 하는 등 여러 상황입니다. 그런 환자에게 처방전을 건네면 약은 잘 구할 수 있을까, 구한 약을 잘 복용할 수 있을까 걱정되었습니다. 치료 성과에 직접 영향을 끼치는 일이니까요.

걱정한 대로 처방한 약이 산더미처럼 쌓인 것을 여러 번 목격했습니다. 당연히 증상은 나아지지 않았지요. 그런 경우가 많지는 않았지만 재택 의료에서 그런 경험을 한 뒤 저는 실감하고 확신했습니다. 앞으로 이런 환자가 급속히 늘 것이고 약사의 개입이 중요하며 '문전약국'에서 조제에 전념할 게 아니라 새로운 형태의 약국, 즉 약국 3.0(제3세대 약국)이 필요해질 거라는 사실이었습니다.

약국의 세대 교체

'갑자기 제3세대라니'라며 당황할 사람들을 위해 조금 보충 설명을 하지요. '약국의 세대'는 제가 이 업계의 존재 모습을 생각하면서 사용한 말입니다. '문전약국'을 경영할 때 대기업을 포함한 동종 업자와 어떻게 관계를 맺어야 할지 몰라서 당황한 시기가 있었고, 이런 상태가 대체 언제까지 계속될지 고민한 것이 계기였습니다.

그때 《S 곡선이 불확실성을 극복한다》(시어도어 모디스 저, 도큐에이전시 출판부)라는 책을 만났습니다. 이 책에서는 어떤 사업 모델에도 수명이 있으며 그 사업 모델이 적용된 해부터 예상한 시장 규모의 5분의 1 수준으로 판로가 커지는 해까지를 계획할 수 있으면 된다고 말합니다. 그 기간이 그 사업 모델의 '도입기'에 해당합니다. 그 성장은 S자 곡선을 그리면서 '성장기' '성숙기'로 이어지고 그들 기간은 같은 간격으로 찾아온다는 것입니다.

의약 분업 곡선은 '조제약국'이라는 사업 모델의 성장을 그대로 보여 준다는 생각이 들어서 분업률 그래프를 그 책의 성장 곡선과 겹쳐 보았습니다. 그러자 놀랍게도 깨끗이 겹치지 않겠어요! 〈그림 4〉 그래프에 따르면, 1974년에 시작된 의약 분업의 물결은 1991년까지 17년간이 '도입기'이고 2008년까지가 '성장기', 2025년까지가 '성숙기'입니다.

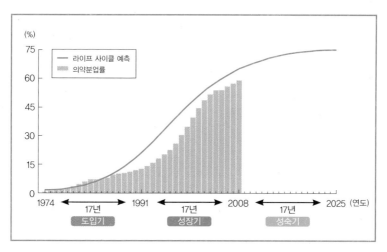

그림 4 **약국의 성장 곡선 예측**

약국 3.0의 개념을 그린 때가 2006년이었습니다. 그 2년 뒤에 '조제약국'의 '성장기'가 끝나는가 생각했는데 어떤 의미로 마음이 놓이는 듯도 하고 한편으로는 조금 무섭기도 했습니다. 그 생각이 적중했는지 아닌지 모르겠지만 2013년에 분업률이 65퍼센트를 넘으면서 성장이 둔화된 것을 보면 나름대로 잘 짚었다는 생각입니다.

약국이라는 사업 모델의 라이프 사이클

재미있어서 더욱이 생각의 폭을 넓혀 보았습니다. 일본은 폐허가 된 종전 시점에서 리셋을 했다고 생각하고, 도입·성장·성숙 기간을 각각 17년으로 잡아 이 기간을 합한 51년이 사업 모델의 한

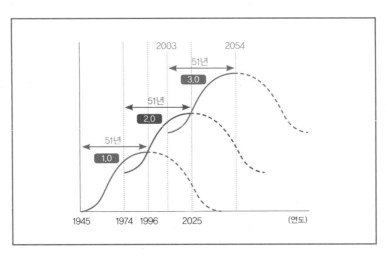

그림 5 약국의 라이프 사이클

사이클이라고 하면, 1945년에 시작된 '동네약국'이라는 사업 모델
은 전후 혼란기, 부흥기, 고도 성장기를 거쳐서 쇠퇴기로 돌입했습
니다. 한편 1974년부터 5점이던 의사의 처방전 수가가 10, 50점 하
는 식으로 오르며 의약분업으로 방향을 틀었습니다. 새로운 약국
사업 모델이 등장했지요. 상점가가 아니라 의료기관 옆에 가게를
내고 일반의약품과 의료 잡화를 파는 게 아니라 의료용 의약품만
을 처방전에 기초해서 조제하게 된 것입니다.

이 '의약 분업 사업 모델'은 우리가 아는 대로 급속한 성장을 이
루었습니다. 1974년과 1945년 사이에는 29년이라는 간격이 있습
니다. 3단 뛰기는 아니지만 1974년부터 29년이 지난 2003년에 새

로운 약국 모습이 생겨난 건 아닌가 하는 생각을 했습니다(그림 5).

동네 소매점이던 약국(약국 1.0)은 '조제약국'(약국 2.0)으로 세대가 바뀌었습니다. 그 뒤 초고령사회 돌입과 급성 질환에서 만성 질환으로 변하는 사회 정세의 영향을 받아서 더욱 새로운 형태의 약국(약국 3.0)으로 변해 갈 것이며, 그런 약국은 저 자신이 재택 의료 현장에서 체험한 여러 가지 의문점을 해소하고 새로운 지역 의료의 형태를 만들어 갈 거점이 될 거라고 생각했습니다. 약국과 약사가 담당하는 환자는 외래에서 재택 의료로 이동하고 있습니다. 말하자면 '약국에 오지 않는 약국 환자'가 급속히 늘어나는 시대를 맞았습니다.

PART
4

혁신에 필요한 것을
이해한다

지역 의료에서 약사에게
원하는 건 무엇인가?

1

약사란 '어떤 사람'인가?

요즘 텔레비전과 신문, 잡지와 인터넷 등에서 '약'을 둘러싼 화제성 기사를 자주 봅니다. 세간의 주목이 업계 전체 발전과 활성화를 위해 필요하지만 안타깝게도 현재 화제가 되는 것은 그다지 바람직하지 않은 내용이 많습니다.

일반의약품 인터넷 판매와 기간 병원의 부속 시설처럼도 보이는 '조제약국' 유치에 관한 일, 혹은 약국에서 기다리는 시간과 비용에 관한 것, 약국 약사와 경영자의 수입, 더 나아가서는 팀 의료와 지역 포괄 케어에서 약사의 역할 등이 그렇습니다. 얼핏 보아 여러 갈래로 뻗어 있는 내용을 보면 약국과 약사 업계에 과제가 산더미처럼 쌓여있는 느낌조차 받습니다.

이런 현상 깊은 곳에는 구조적인 문제가 도사리고 있지 않을까

현상   현상   현상

구조

요? 이것은 마치 고혈압, 당뇨병, 고지혈증 같은 생활습관병이 저마다 독립된 질환처럼 보여도 근본에 있는 것은 내장지방 축적이라는 대사증후군 개념과도 닮았습니다. 그러면 구조적인 문제는 무엇일까요? 아마도 의료를 제공하는 측과 받는 측 모두 '약사란 어떤 사람인가?'라는 근원적인 질문에 직면한 게 아닐까 싶습니다.

약 전문가라는 지위

약사가 약 전문가라는 사실은 누구나 알고 있습니다. 그렇다면 전문가란 무엇일까요? 많은 사람이 약 자체나 약에 관한 정보를 주는 사람이라고 인식할지도 모르겠습니다. 의약분업이 시작된 30년쯤 전에는 그런 의미의 '약 전문가'로 일하는 데도 일정한 가치가 있었을 테지요. 당시에는 제제학이 지금처럼 진보하지 않았기 때문에 가루약과 물약, 주사제 등 약사가 조제해야만 하는 의약품도 많이 쓰였습니다. 의사가 처방을 한 뒤 약이 환자 손에 들어갈 때까지 약사의 기술이 필요했습니다. 한 예로 가루약을 의사 처방에 따라 필요한 만큼 덜어 내고 1회 분량씩 나누어 종이에 싸는 과정에는 큰 의미가 있었을 터입니다.

지금은 가루약이 포장되어 나올 뿐 아니라 조제 기기가 발전하여 약 포장을 기계가 합니다. 또한 필름 코팅 정과 구강 내 붕괴 정 등 제제학적 궁리를 더한 정제가 개발되었고, 이러한 것들은 의약품 GMP 기준*을 충족한 공장에서 일정기간 보존할 수 있는 포장제품으로 만들어 제공하게 되었습니다. 즉 약사가 손으로 작업하던 부분은 제제와 조제기기의 발전함으로 그 가치가 크게 변했지요.

인터넷 보급과 유비쿼터스 사회의 도래가 가져온 것

의약 분업이 시작된 당시에는 환자와 의사의 관계도 지금과 크

* 의약품 생산 공정에 관한 관리 규정

게 달랐습니다. 환자가 자신의 병명이나 자신이 어떤 치료를 받고 있는지 거의 몰랐고, 그러한 관계가 바람직하게 받아들여지던 시대였습니다. 이제는 의사와 환자의 관계가 바뀌면서 아주 당연하게 처방 약에 대한 정보를 알려줍니다. 그렇게 되기까지 거쳐 온 과정 속에서 약 정보를 아는 일이 무서운 환자도 있었겠지만 분명히 고마워하는 경우도 많았을 것입니다.

《의사한테 받은 약을 알 수 있는 책》(의약제도 연구회 지음, 호켄 펴냄)이라는 책은 28판까지 기록하며 오랫동안 팔렸습니다. 이 책의 초판이 나왔을 때 무척 화제가 되었습니다.

당시에는 아직 의약분업이 진행되지 않았고, 약의 PTP포장도 약제 이름이 적힌 부분은 쉽게 잘라낼 수 있었습니다. 애초에 의사와 환자의 관계도 지금과는 달랐습니다. 의료에서는 일반적으로 '모르는 게 약이다'라는 풍조도 있었던 듯합니다. 이러저러한 이유로 환자가 약 정보를 접하기 어려웠으니 이런 책이 나왔겠지요. 이러한 배경에서 이루어진 의약분업은 약사가 복약지도를 하면서 설명하는 질병과 의약품 정보가 충분히 의미를 지녔을 것입니다.

하지만 시대는 변했습니다. 인터넷 보급과 유비쿼터스 사회 도래는 정보 격차를 없애고 있습니다. 아주 멋진 일입니다. 지금까지 일부만 알던 정보와 망각 저편으로 사라져 버린 줄 알았던 정보에 누구나, 지금 이 순간에도 접속할 수 있게 되었습니다.

약사가 "이 약은……"이라고 설명할 때 환자도 스마트폰 검색 엔진에 약 이름을 넣으면(정보를 활용하는 능력은 별도로 치더라도) 정보를 손에 넣을 수 있습니다. 즉 약과 질병과 그에 따른 요양 정보를 약사한테서 얻는 일은 최근 30년 정도 사이에 이전만한 가치를 지니지 못하게 되었습니다.

지금까지와 같이 평면으로 생각하기 때문에 막힌다

약사는 의약분업 여명기부터 시작해 30년 정도, 의약품이라는 '물건'을 빠르고 정확하게 최적인 형태로 환자에게 전달하는 일(X축)과, 약과 병과 생활습관에 관한 정보를 알기 쉽게 설명하는 일(Y축)로 구성된 평면에서 면적을 넓힘으로써 전문성을 확립하고, 환자에게 도움을 주고 사회에 공헌하려 해 온 것이 아닐까요? 물론 거기에는 어느 정도 의미가 분명히 있었습니다. 그것이 '조제약국 업계'를 발전시킨 바탕이 되었다고도 생각할 수 있습니다.

하지만 곰곰이 생각해 보면 '물건을 빠르고 정확하게 최적인 형태로 손에 넣는 것'은 인터넷 쇼핑이 가장 뛰어납니다. 정보를 찾을 때 가장 강력한 수단이 인터넷입니다. 이것은 30년 전 일본에는 없었던 사회 인프라입니다. 어떤 의미로는 각종 기술의 진보와 인터

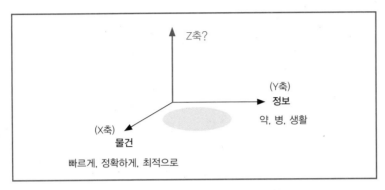

그림 1 약사에게는 새로운 좌표축이 필요한가?

넷 보급이 이러한 가치를 상대적으로 끌어내렸습니다. 그런 흐름 속에서 약사가 하도록 법적으로 규정된 일이라는 논거만을 갖고 자신의 중요성을 주장하면 지금 시대에는 '저항 세력'이라는 딱지가 붙게 될 가능성도 있습니다.

약 조제는 기계가 해 주고 약 정보는 인터넷에서 입수할 수 있는 지금, 약사의 '약 전문가' 지위가 흔들린다고 볼 수 있습니다. 현재 약사와 약국을 둘러싼 환경에서 여러 가지 현상이 일어나고 있습니다. 그 이면에는 '약사란 어떤 사람인가?'라는 근원적 문제를 무시할 수 없게 만드는 구조가 있습니다. 이들 구조적 문제를 해결하기 위해서는 새로운 시점과 시야, 즉 Z축을 가질 필요성이 있습니다(그림 1).

의약품 인터넷 판매의 영향

　2014년 6월 12일에 개정 약사법薬事法이 시행되어 제1류 의약품을 포함한 일반의약품 인터넷 판매가 가능해졌습니다. 그 대신이라기엔 뭣하지만 지도가 필요한 약과 의료용 의약품은 약사의 대면 판매로 한정한다는 제도를 만들었습니다. 그런데 뭔가 미심쩍어하는 사람들이 많지 않은가요?

　이번 일은 국민과 약사 자신이, 약사를 '물건과 정보의 전문가'로 취급한다는 사실을 여실히 보여주었다고 생각합니다. 만약 일반의약품이라는 '물건'을 풍부한 정보와 함께 건네주는 것만이 논점이라면 약사에게 승산은 없다는 생각마저 듭니다.

빠르게 정확하게 최적으로 전달하는 방법

　우선 물건을 빠르게, 정확하게, 최적인 형태로 손에 넣는다는 방향입니다. 인터넷 서점이 실제 서점의 존재에 큰 영향을 끼친 데는 몇 가지 이유가 있습니다. 그중 하나가 상품 라인업입니다. 실제 서점은 책장 넓이에 한계가 있습니다. 그렇다고 해서 책장에 빼곡하게 꽂아 두기만 해서는 서점다운 모양을 갖출 수 없습니다. 진열 방식을 생각해야만 하지요. 하지만 인터넷 상에는 공간 제한이 없습니다. 실제 책은 창고에 빼곡히 쌓여 있어도 주문을 받았을 때 그

책을 꺼낼 수만 있으면 되는 형태입니다.

사업적으로도 큰 패러다임 변환이 있었습니다. 책을 포함한 소매업에는 20:80 법칙이 있습니다. 이것은 제창자인 이탈리아 경제학자 이름을 따서 파레토 법칙이라 합니다. 전체의 20퍼센트 상품이 80퍼센트 매상을 올린다는 것이지요[《인생을 바꾸는 80대 20 법칙》(리처드 코치 지음, 한큐커뮤니케이션즈 펴냄)]. 여담입니다만, 이 법칙은 의료 현장에 나갈 때에도 큰 용기를 줍니다. 20퍼센트 지식을 익히면 어쨌거나 80퍼센트 환자에게 대응할 수 있다는 말이니까요. 처음에는 의학의 방대한 지식 앞에서 절망할 뻔했는데, 그렇게 생각하고서 일단은 20퍼센트만 익히자고 스스로를 격려하며 공부하다 보니 상황도 변했습니다. 그런데 거꾸로 말하면, 나머지 20퍼센트 환자에게 대응하기 위해서는 80퍼센트 지식이 필요합니다. 그렇기에 졸업한 후에도 몇 십 년에 걸쳐 평생교육이 필요하다는 사실을 이해할 수 있지요?

하던 이야기로 돌아가겠습니다. 파레토 법칙에 따르면 업계 전체에서 잘 팔리는 20퍼센트 상품이 80퍼센트 판매액을 유지합니다. 책장에 제한이 있는 실제 서점은, 자연히 들여놓는 상품이 편중됩니다. 전문서와 마니악한 책이 보통 서점에 없는 건 당연한 일입니다. 물론 개별 주문을 하면 받을 수는 있지만, 지금 당장 갖고 싶다는 욕구에는 응하지 못합니다. 손님에게 불편을 강요해 온 꼴이라고도 할 수 있지요.

한편 인터넷 서점은 이론적으로 모든 상품을 취급합니다. 실제로 모든 분야의 전문서, 마니악한 책, 최근 베스트셀러 등이 인터넷 상에는 즐비하게 진열되어 있습니다. 더구나 이것은 새로운 사업 모델로도 이어져 왔습니다.

롱테일이라는 말을 아시나요? 글자 그대로 긴 꼬리를 말합니다. 상품을 매상 순으로 늘어놓으면 오른쪽으로 갈수록 점점 매상이 적어집니다. 조금씩이라도 팔리는 상품이 많으면 꼬리 모양을 이룹니다. 이것을 롱테일이라고 합니다. 지금까지 롱테일 부분은 책장이 한정되어 있어서 서점에는 진열되지 않았습니다. 하지만 한

권밖에 팔리지 않는 책도 10만 종류를 모아 놓으면(그야말로 롱테일!) 매상 총액은 베스트셀러 한 권에 필적한다는 것입니다.

파레토 법칙을 뒤집는 이것은 인터넷이 가져온 혁명적 판매 전략이라고들 합니다. 나온 지 좀 오래된 책이지만 《80대 20 법칙을 뒤엎는 롱테일 법칙》(스가야 요시히로 지음, 동양경제신보사 펴냄)이 알기 쉽기에 추천합니다.

더욱이 온라인 상점은 갖고 싶다는 생각이 들 때 곧바로 주문하게 만듭니다. 그러면 충분히 정비된 물류 시스템을 타고 적게는 몇 시간이면 손에 들어옵니다. 지금 갖고 싶다 생각하면 밤에는 집에 배달해 주는 편리함은 우리가 이미 실감하고 있습니다.

정보를 추가해서 전하는 방법

또 하나는 정보라는 방향입니다. 점원이 추천하는 책을 평평하게 쌓아 두고 수제 POP를 세워 둔 모습은 서점에 가면 쉽게 볼 수 있습니다. 이 책은 숨겨진 양서다, 감동스런 작품이다, 이런 점을 추천한다 같은 문구를 보고 재미있겠다며 구입하는 일이 흔한 패턴입니다. 최근에는 이러한 구입이 계기가 되어 나온 지 몇 년 지나서 갑자기 베스트셀러가 되는 책도 있습니다. 그런데 실제 서점에서는 이런 일에도 한계가 있습니다. 모든 책에 POP를 세울 수는 없습니다. 그러나 인터넷 상에서는 넓이가 무한하기 때문에 가능합니다. 독자 리뷰를 붙여서 살까 말까 망설이는 사람의 등을 떠밀기도 합니다. 최근에는 저자가 동영상 메시지를 만들어서 올리는 경우도 있습니다.

인터넷과 그에 따른 물류 정비는 책 구입하는 방식을 크게 바꾸어 놓았고 그것은 책 이외에도 급속하게 번졌습니다. 인터넷 서점으로 시작한 아마존은 지금은 가전과 옷, 식품도 취급합니다. 이것은 실제 점포와 인터넷 점포에 이런 차이가 있기 때문이라고 생각합니다.

원하는 건 약인가 건강인가?

이렇게 보면 약을 인터넷에서 파는 일도 시대의 추세이고 거쳐야 할 진화처럼 보일지 모릅니다. 하지만 약이 책과는 크게 다른 점이 있습니다. '구입하고자 하는 것은 정말로 약인가?' 하는 점입니다. 약을 손에 넣고 싶은 이유는 '통증에서 해방되고 싶다' '감기 걸려서 낫고 싶다' '배변을 조절하고 싶다'처럼 안 좋은 몸 상태를 개선하기 위함입니다. 그렇기에 약을 입수한 다음 자기 몸에 써 보고 나서 성패를 결정해야 할 텐데, 약 인터넷 판매에 관한 논의는 이상하게도 입수할 때까지의 정보량과 안전성 담보라는 데만 얽매인 느낌을 받습니다.

그 약을 손에 넣고, 만약 증상이 낫지 않았을 때 그 사람은 어떻게 할까요? 또한 장기 복용에 따른 부작용은 누가 점검할까요? 이런 사실에 눈을 감아 버리면 약 인터넷 판매는 앞서 말한 책 인터넷 판매와 다를 바 없는 강점을 갖겠지요. 약국은 약품을 갖추는 데 제한이 있습니다. 특히 파레토 법칙이 적용된다면 잘 팔리는 20퍼센트 상품이 선반을 대부분 차지하게 됩니다. 조금 전문적인 혹은 사용자가 흔치 않은 약은 구입하지 못하고 기본적으로는 주문을 해야만 구할 수 있을지도 모릅니다. 자세히 들여다보면 1개만 주문할 수 있다고 장담할 수 없습니다. 최소 발주 단위가 10개이거나 1다스일 때는 어떨까요? 다 팔기 어렵다고 예상되는 경우 등을 종합적으로 판단해서 주문을 단념해야만 할 수도 있습니다. 또한 약국이 가까이에 없는 외딴 섬이나 산간 지방 같은 곳, 일상생활 수행능력ADL, Activities of Daily Living에 제한이 있어 약국을 방문하기 어려운 경우 등을 생각해 보면 인터넷 판매의 우위성은 인정해야만 할 테지요.

정보를 형식적으로 전할 뿐이라면 인터넷이 유리하다

의약품에 관한 정보와 판매할 때 의무적으로 해야 하는 정보 제공에 대해서도 인터넷이 우월합니다. 약국에서 의약품 하나하나에 대해 모든 정보를 빠짐없이 전달하고자 해도 점포는 물리적인 공간 제약이 있습니다. 그리고 인간이 하는 일에는 일정 정도 불확실성이 존재합니다. 이를 생각하면 모든 사항을 망라한 정보를 웹사이트에 게시하고, 그것을 전부 스크롤해서 최하단에 있는 '모든 사항을 읽었으며 동의합니다.'라는 칸에 체크하고 나서 결제 화면으로 이동하게 만드는 것이 형식상으로는 정보 제공을 잘하는 꼴이 됩니다.

온갖 정보를 망라하여 몇 십 줄이나 되는 정보를 환자가 정말로 읽고 이해하는지는 아주 의심스럽습니다. 하지만 그건 일단 제쳐 두고 약국 실태조사에서 나타난 약사의 업무 불완전성(법규적인)과 비교해서 인터넷 판매가 우위에 있다는 얘기를 하는 것뿐입니다. 즉 의약품을 '알기 쉬운 정보와 함께 전달한다'는 좌표 평면에서 싸우면 인터넷에는 이길 수 없다는 말입니다.

약이 손에 들어오기만 하면 좋은 것은 아니다

그런데 왜 약이 필요해졌을까요? 약을 손에 넣기만 하면 되는 걸까요? 물론 책이나 옷은 실제로 손에 넣어 읽거나 입어보고 나서 실망할 때도 있지만 기본은 손에 넣을 때까지가 승부입니다. '장식용 책'이라거나 '옷장을 살찌운다'는 말도 있는데, 책과 옷은 손에 넣기만 하고 쓰지 않는 일이 꽤 흔합니다. 그런 점을 고려하면 가능한 한 많은 상품 중에서 고르기를 원하고 많은 정보를 요구하며 빨리 손에 넣고 싶어 하는 마음도 당연합니다.

하지만 약은 다릅니다. 감기약으로는 감기를 고치고 싶고 진통제로는 허리나 무릎 통증을 가시게 하고 싶으며 변비약으로는 날마다 배변을 하고 싶다는 등 무언가 해결하고 싶은 문제가 있기 때문에 손에 넣고 싶어 합니다. 즉 약은 종적인 것일 뿐 주된 목적은 통증 해소나 증상 완화 같은 건강 회복입니다. 따라서 약을 손에 넣을 수 있는가 아닌가를 가지고 판단할 것이 아니라 증상이 나을까 아닌가를 가지고 판단해야 합니다. 그러면 의약품 인터넷 판매에 관한 논쟁이 상당히 다른 방면을 향하리라 생각합니다.

명치 불쾌감에 대한 H_2 차단제* 사용

예를 들어 파모티딘과 라니티딘 같은 H_2 차단제 인터넷 판매에 대해 생각해 봅시다. 애초에 이 약을 원하는 사람은 식욕이 없거나 체했거나 위가 아프거나 명치 부근을 찌르는 듯한 심와부 불쾌감이 있을 터입니다. 그런 사람이 의료기관에 갈 시간이 없거나 의사가 싫어서 또는 우연히 인터넷에서 '위가 아프다'라고 검색했을 때

* 위산 생성을 억제하는 약물

닿은 사이트가 통신판매 사이트일지도 모릅니다. H_2 차단제의 기본적 정보와 효능 및 효과는 웹사이트에 자세히 쓰여 있을 테고 셀프 체크 시트 같은 것도 게시되어 있다면 그런 걸 읽으면서 '아아, 난 분명히 위산과다증이야'라고 생각할 테지요. 그러고는 우선 약을 사야겠다며 페이지를 넘깁니다.

병용약과 알레르기 이력 등 일반적인 설명도 여러 가지로 읽어볼 테지만 설명이 너무 많습니다. 단번에 화면을 스크롤하고 마지막에 '모두 읽고 클릭'을 누릅니다. 마음속으로는 빨리 이 메슥거림이나 통증에서 해방되고 싶다 생각할지도 모르지요. 결제는 신용카드나 계좌이체 등 편리한 것을 고르고 제품은 하루이틀 지나면 택배로 받을 수 있습니다.

이렇게 해서 H_2 차단제를 손에 넣었습니다. 책이나 옷이라면 이걸로 충분합니다. 이대로 쌓아 두든지, 찬찬히 읽든지, 대충 읽든지, 그건 자유입니다. 옷도 당일에 바로 입고 파티에 가든지 입어보고 별로라며 옥션에 내놓든지, 아니면 언젠가는 입겠지 하면서 옷장을 살찌우든지 상관없습니다. 정보를 많이 보고 풍부한 라인업에서 골라 살 수 있었으니 목적은 거의 달성했다는 기분이 들지도 모릅니다. 하지만 H_2 차단제는 이것을 손에 넣어 복용해야만 '심와부 불쾌감이 말끔히 해소될지 아닐지'를 알 수 있습니다.

먹은 후에는 어떻게 할까?

일반의약품은 상자와 설명서에 용법 용량과 주의점 등 많은 정보가 기재되어 있습니다. 몇 알을 하루에 몇 번 먹어야 하는지 확인하고 물 한 잔과 함께 삼키면 되지요. 그러나 여전히 문제는 해결되지 않습니다. 환자 상태에 따라 경과는 크게 달라질 테고 그 변화의 대부분은 일반인이 스스로 판단할 수 있는 범주를 뛰어넘을 것입니다.

우선 위산과다 때문에 증상이 생겼다면 아마 1~2일 내에 증상이 좋아집니다. 위산과다는 스트레스나 수면 부족, 주말의 폭음 폭식처럼 일시적 이유로 일어날 때가 많습니다. 일반의약품을 자유롭게 고르고 손쉽게 구해서 증상이 낫는다면 어떤 의미에서는 최적인 패턴입니다.

그런데 연령과 체중, 신기능 등의 영향으로 H_2 차단제에 의한 정신신경증상 같은 것이 나타났다면 어떨까요? 설마 위장약 때문에 섬망*을 일으키리라고는 생각도 못하겠지요? 발기부전 같은 증상을 일으킬 가능성도 있습니다. 일반인은 좀처럼 떠올릴 수 없는 부작용입니다.

---

* 갑작스런 의식 장애, 주의력 저하, 언어력 저하 등을 유발하는 신경정신질환

H$_2$ 차단제는 기본적으로 안전한 약제지만 혈중 농도에 따라서는 혈액뇌관문을 통과해 뇌의 히스타민 수용체(H$_1$)를 차단해 섬망 따위를 일으키는 일이 있습니다. 이런 사실을 약사는 아는데, 이 정보 서랍을 열려면 복용 후의 상황을 약사가 확인할 수 있어야 합니다. 물론 의약품 상자와 설명서에는 무슨 일이 있으면 '의사나 약사에게 상담하세요'라고 적혀 있습니다. 그렇지만 친척이나 친구 중에 의료 종사자가 있다면 몰라도 일반인이 '의사나 약사에게 상담'하려면 의원이나 약국에 가야만 합니다. 지금까지 전혀 진료를 받은 적도 없고 가 본 적도 없는 의료기관이나 약국에 갑자기 찾아가는 것은 장애물이 좀 높은 일이지요. 만약 동네 약국에서 구입했다면 증상이 나타난 다음 날이라도 휙 들러서 "지난번 구입한 약 말인데요……." 하고 상담할 수 있을 텐데 말입니다.

무슨 일이 생기면 어떡할까?

구입한 후에 무슨 일이 생겼을 때를 대비해 지원책을 준비해 둔다는 건 중고차를 구입하는 일과 비슷합니다. 마음에 드는 차를 가장 싼 값에 구입하겠다고 마음먹었을 때 사고 이력과 복원 이력, 차의 상세 정보 등 인터넷 검색은 최강의 위력을 발휘합니다.

그런데 만약 오사카에 있는 제가 가장 싼 값으로 홋카이도 업자한테서 중고차를 구입했다고 합시다. 잘 움직이는 동안에는 괜찮지만 상태가 나빠지거나, 고장이 났을 때 문제이지요. 길 위에서 엔진이 멈춰 버렸는데 홋카이도에 전화해서 와 달라고 하는 건 비현실적입니다. 차는 구입과 소유가 목적이 아니고 A지점에서 B지점까지 안전하고 빠르게 이동하는 수단으로서의 기능이 중요합니다. 약도 마찬가지로 복용한 후에 경과가 좋으면 전혀 문제가 없습니다. 다만 경과가 좋지 않을 때 어떻게 대응해야 할지를 항상 염두에 두어야 합니다.

가장 피해야 할 사태

의약품 인터넷 판매에서 가장 피해야 할 사태는 암과 관상동맥질환, 뇌졸중 등 무거운 병의 초기 증상을 놓쳐 버리는 일입니다. 심와부 불쾌감이 위암의 초기 증상이라는 건 의료종사자라면 아는 사실입니다. 물론 일반인도 인터넷에서 정보를 접해 알 수 있을지는 모르지만 그런 정보를 중대하고 심각하게 받아들이는 사람은 많지 않습니다.

물론 일반의약품으로 판매되는 H_2 차단제에는 장기 복용을 하지 말라는 주의사항이 쓰여 있지만 인터넷 쇼핑에서는 여러 가게에서 한꺼번에 구입하거나 여러 번 구입할 수도 있습니다. 위암 초기 증상이 보이는데도 자기 판단으로 H$_2$ 차단제를 사용하다가 암이 심각한 단계로 진행되는 일은 피해야만 합니다. 의료용 의약품은 의사가 위험성을 충고하는데, 일반의약품은 역시 판매한 약사가 충고해야 합니다. 심와부 불쾌감에 대한 H$_2$ 차단제 복용만이 아닙니다. 여러 증상의 이면에는 중대한 질환이 숨어 있는 경우가 있습니다.

기침이 오래 가서 기침약을 복용했는데 알고 보니 폐암 증상이었다든지, 갑자기 두통이 와서 두통약을 복용했는데 실은 지주막하출혈이었다든지, 설사와 변비를 반복해서 정장제를 복용했는데 대장암 초기 증상이었다든지, 또는 심한 어깨 결림이나 오십견 통증이라고 생각해서 파스를 붙였는데 협심증 방산통이었다든지 하는 것처럼, 일반적으로 보이는 증상 이면에 중요한 질환이 숨어 있을 때가 자주 있습니다.

의약품 인터넷 판매는 손에 넣을 때까지의 안전성이 아니라 복용 후의 안전성 그리고 애초에 약을 필요로 한 문제가 해결되었는지를 생각해야만 합니다.

실효성 있는 진료 권장

끝으로 약사의 일반의약품 판매와 관련해서 진료를 권장하는 일에 대해 얘기해 두고 싶습니다. 수진 권장이라 하면 "만약 이 약을 복용하고 증상이 낫지 않으면, 의료기관에 가서 진료를 받으세요."라는 조언을 떠올리게 됩니다. 일반의약품에 관한 서적과 롤플레이에서도 마지막에 약사는 방긋 웃으며 '의료기관에 가서 진료를 받으세요'라고 권하는 게 일반적입니다.

하지만 환자 입장에서 보면 그런 말을 들어도 어디로 가야 할지 모르고(또 인터넷 검색을 할지도 모르지만), 어떤 과 진료를 받아야 할지 고민할 수도 있습니다. 어쩌면 '그런 말 안 해도 나빠지면 갈 거야!'라고 마음속으로 중얼거릴지도 모릅니다.

여러분 가족이나 소중한 사람이 심와부 불쾌감을 호소하고 여러분이 추천도 해서 H_2 차단제를 복용하기로 했다고 생각합시다. 그때 여러분이 "이거 먹어도 좋아지지 않으면 어딘가 의사한테 가봐."라는 말만 한다면 분명히 "뭐야, 그걸로 끝이야? 매정하네."라고 하지 않을까요?

약사가 일반의약품을 취급할 때는 그 의약품의 적정 사용에 관해 정확한 정보를 제공하고 그 후의 경과를 관찰하는 입장이어야 합니다. 만약 더 무거운 질환과 다른 질환일 가능성이 있다고 판단하면 구체적으로 어떤 의사에게 가야 하는지 알려 줄 필요가 있습니다. 의사를 소개할 때는 약사가 지금까지 관찰한 경과를 '정보 제공서'에 정리해서 가지고 갈 수 있도록 준비해 둘 필요가 있습니다.

정보 제공이나 경과 관찰만이 아니라 마지막까지 개별적 구체적으로 약사가 지지해서, 그제야 비로소 일반의약품의 적정 사용을 이룰 수 있다면, 인터넷 판매와 약사 대면 판매가 어떻게 다른지, 인터넷의 한계에 대해 일반인이나 약사 모두 이해하기 쉬워지지 않을까요?

의사한테 소개장을 쓰자

이야기가 조금 빗나가지만 제가 실제로 경험한 일을 소개하겠습니다. '약사의 일반의약품 판매 이야기를 의사가 한다고?'라는 생각을 할지도 모르지만 개인적으로는 무척 납득이 간 이야기이기에 부디 읽어주시기 바랍니다.

제가 오사카 시내 의원에서 비상근 근무를 할 때였습니다. 72세 여성이 제가 근무하는 저녁 진료 시간에 찾아왔습니다. 원장이 몇십 년이나 보아 온 환자인데 증상이 안 좋아진다며 진료를 받았습니다. 증상은 심와부 불쾌감으로 특히 위가 더부룩하고 식욕이 없다며 고민했습니다. 약은 처방받고 있지만 3개월이나 됐는데도 좀처럼 낫지를 않는다고 했습니다(그림 2)

환자는 원래부터 앓고 있던 고혈압에 암로디핀을, 위의 더부룩

72세 여성
주 소 견: 심와부 불쾌감
현재 병력: 3개월쯤 전부터 위가 더부룩하고 식욕이 없어서 내진
1개월에 2kg 체중 감소
기존 진찰 이력: 고혈압증, 위염
처방: 암로디핀 5mg 1T 아침
그로리아민 3포 매 식후

그림 2 증례 정리

표 1 혈액 검사 결과

백혈구	7,370	AST	21	HDL	54
적혈구	460만	ALT	22	LDL	111
Hb	9.7↓	γ-GTP	37	BUN	17.5
Ht	33.5↓	ALP	263	Crn	0.68
MCV	73↓	LDH	223	UA	5
MCH	21.1↓	Ch-E	250	Na	142
MCHC	29.0↓	CK	95	K	3.6
혈소판	36.3	Amy	53	Cl	101
TP	6.7	T-cho	185	Fe	16↓
Alb	4	TG	112	Glu	108

함과 체중과 식욕 부진에는 위장약을 처방 받아 복용하고 있었습니다. 위장약을 먹으면 보통은 위산 과다나 위점막장해가 있었다 해도 천천히 낫습니다. 그런데 3개월이나 증상이 계속된다니 신경 쓰였습니다. 체중도 42kg에서 40kg 밑으로 줄어 치마와 바지

가 헐렁해졌다고 합니다. 혈액 검사 데이터(표 1)를 보니 간·신기능 등에는 별 문제가 없고, 생활습관병이나 영양 상태에도 문제는 없어 보였습니다. 그런데 Hb(헤모글로빈)가 9.7g/dL로 낮았고, MCV, MCH, MCHC 등과 혈청철도 수치가 낮았습니다. 철결핍성 소구성 저색소성 빈혈이 의심되어 어디선가 출혈이 있을 가능성을 생각했습니다.

물론 위염과 위궤양 출혈로도 이런 증상과 검사 결과가 나오기도 하지만 체중 감소도 있는 걸로 보아 위암일 가능성도 고려해야만 했습니다. 하지만 이 의원에는 위내시경 설비가 없고, 저녁 진료도 끝내야 할 시간이었습니다. '우선' 파모티딘을 처방하고 1주일 후에 다시 오라 했습니다.

1주일 후 다시 진료하면서 증상 변화를 물었더니 '증상은 약간 나아졌지만 여전히 식욕은 없고 위가 더부룩하다'고 하여 위내시경 검사를 하는 근처 개업의에게 소개장을 썼습니다. 아직 진료하고 있을 때 가서 진료를 받을 수 있도록 해야겠다는 생각에 허겁지겁 휘갈겨 썼지요. '전부터 심와부 불쾌감Epigastralgia이 있다는 점, 파모티딘을 복용하고 증상이 조금 가벼워졌지만 여전히 계속되고 있다는 점, 그리고 한 달 새에 2kg 체중이 감소한 걸로 보아 만성위염 Chronic Gastritis 가능성 있음, 다만 위암Gastric Cancer에 대해서도 체크를 부탁합니다'라는 내용을 써서 건넸습니다.

아니나 다를까, 그 환자는 위전정부(유문부 조금 앞)에 점막 융기가 있고, 거기에서 암 세포(Group V 중분화형선암 Moderately Differentiated Adenocarcinoma)가 채취되어, 그대로 근린 병원에서 위암 절제술(유문측위절제 Billroth I 법 재건)을 시행했습니다.

이처럼 아무것도 없는 데서 중한 질환을 발견하고 적절한 치료로 이어가는 것은 개업의의 역할이자 묘미입니다. 이 환자도 "선생님 덕분에 발견해서 수술할 수 있었어요."라며 인사를 하러 왔습니다.

그런데 곰곰이 생각해 보면 제가 한 일은 환자의 증상을 듣고 파모티딘을 복용시키고 결과를 보고 의료기관에 소개한 것뿐입니다. 그때 일련의 경과와 저의 생각을 진료 정보 제공서(소개장)에 기재했을 뿐이라고 할 수 있습니다. 파모티딘이 일반의약품이 된 지금이라면 약사도 충분히 할 수 있는 일이라고 생각했습니다. 물론 혈액 검사 결과는 손에 넣을 수 없을지도 모르지만 지금은 거의 모든 경우에 채혈 데이터를 환자에게 건네줍니다.

큰 차이가 있다면 이런 것입니다. 약사는 파모티딘을 판매하고 "상태가 좋지 않으면 의료기관에서 진료를 받으세요."라고 말하는 데서 끝날 테지요. 반면에 저는 "다음 주에 한 번 더 오세요."라고 해서 1주일 후에 상태(파모티딘의 효과)를 확인하고 효과가 충분치 않은 데서 위암을 의심했습니다. 그리고 일련의 과정을 소개장에 기재해서 의료기관을 구체적으로 제시해 진료받도록 권했습니다.

진단적 치료라는 사고방식

의사도 여러 검사는 할 수 있지만 그 자리에서 모든 검사를 할 수는 없습니다. 우선은 증상과 진찰 소견을 바탕으로 가능성 높은 질환을 염두에 두고 그에 대응한 약제를 처방합니다. 그리고 일정 기간(염두에 둔 질환과 환자 상태에 따라 다르지만)이 지난 뒤 경과를 확인합니다. 이때, 지난번 처방 내용에 대해 어떤 증상 변화를 보이는지는 정답(정확한 진단)에 다다르기 위해 아주 중요한 정보입니다.

만약 제 소개장이 없었다면 다음 선생님은 또 파모티딘을 처방하고 1주일간 경과를 보았을지도 모릅니다. 하지만 '파모티딘을 써도 완전히 사라지지 않는 심와부 불쾌감'이라는 정보가 있었기에 곧바로 위내시경 검사라는 다음 단계로 나아갈 수 있었습니다.

일반의약품도 마찬가지입니다. 약사가 판매한 후에 반드시 경과를 확인하고 더욱 중대한 질환일 가능성이 높다고 판단하면 그간의 정보와 소견을 빠짐없이 기재하여 의사에게 소개장을 써 주기 바랍니다. 소개장이라고 하니 막막할지도 모르지만 의외로 쉽습니다. 휘갈겨 쓴 것 정도로도 충분히 통합니다. 다만 형식과 견본이 있으면 도움이 될 터이니 '그림 3'을 넣어둡니다. 이러한 서식을 활용하기만 해도 약사의 역할은 크게 변할 것이고 분명히 인터넷 판매에 대해서도 시각과 사고방식이 달라지리라 믿습니다.

소 개 장 (진료 정보 제공서)

소개할 의료기관명

　　담당의사　　　　　　　과　　　　　　　　선생 귀중

　　　　　　　　　　　　　　　　　　　　　　　　　　　년　　월　　일

　　　　　보험조제약국 주소지:

　　　　　　　　명칭:

　　　　　　　　　　전화번호　　　　　　팩스

　　　　　　　　　　약사 성명　　　　　　　　　　인

환자 성명		님　성별 남·녀	
환자 주소			전화번호
생년월일	년　월　일 (　)세	직업	

주 소견

소개 목적

과거 병력 및 가족력

병 상태 및 당 약국에서의 경과

현재 처방

비　고

그림 3 의사 소개장 (견본)

소 개 장 (진료 정보 제공서)

소개할 의료기관명   의료법인 ○○○ ○○의원
담당의사   과   야마다 타로 선생 귀중

2012년 12월 2일

보험조제약국 주소지: 오사카시 기타구 텐진바시 ○-○-○
명칭: ○×약국 ○×점
전화번호 06-xxxx-xxxx   팩스 06-xxxx-xxxx

약사 성명 ○× 하나코 인

환자 성명 사토 지로 님 성별 남	
환자 주소 오사카부 도요나카시 ○○-○-○	전화번호 06-xxxx-xxxx
생년월일 1960년 1월 1일(52 세) 직업 회사원	

주 소견
심와부 통증, 메슥거림

소개 목적
상부소화관에 대한 정밀검사·치료 의뢰

과거 병력 및 가족력
고혈압증(2002년~)

병 상태 및 당 약국에서의 경과
실례하겠습니다. 고혈압증에 당 약국에서 하기 처방을 조제하고 있는 분입니다. 11월 20일에, 심와부 통증과 메슥거림이 있다며 찾아오셨습니다. 1주일쯤 전부터 증상이 있고, 통증은 식후에 심해진다고 합니다.
일이 바쁘고, 생활도 불규칙하며, 흡연(하루 한 갑)하고 있는 점으로 보아 위산과다에 의한 증상일 가능성도 생각하여 가스터10을 판매, 복용하시게 하였고, 하루 한 알 복용으로 사흘째에 개선되었습니다. 다만, 이번 증상에 상당히 신경이 쓰이는 모양으로, 자세한 검사를 희망하십니다. 바쁘신 중에 죄송합니다만, 진찰과 치료를 의뢰하오니 모쪼록 잘 부탁드립니다.

현재 처방
암로디핀 5mg 1정 아침

비   고

(그림 3에 이어서) 기입 사례

228

약사의 강점과
약점은 무엇인가?

2

약사의 강점

약사의 강점은 무엇일까요? 많은 약사는 약에 대한 지식과 정확·신속하게 조제하는 일, 알기 쉬운 복약지도와 함께 약을 건네주는 데 있다고 생각할 수도 있습니다. 약사법 제1조에서도 '조제' '의약품 공급' '그밖에 약사藥事 위생'은 약사가 해야 할 일이고, 그 기본이 되는 지식과 기술을 익혔을 것이라 기대하고 있습니다.

약사가 다른 의료직보다 약에 관해 잘 아는 것은 중요한 부분입니다. 아무리 의사가 진단하고 처방한다 해도, 환자를 고치는 것은 최종적으로 약입니다. 처방대로 조제한 약을 환자 손에 전해 주지 않으면 환자 상태는 좋은 방향으로 움직이지 않습니다. 더욱이 먹는 법과 사용법을 환자가 이해하지 못하면 질병을 제대로 치료할 수 없습니다.

이런 일은 지금까지도 약사가 해 왔습니다. 하지만 그에 대한 사회적 평가가 그리 높지 않습니다. 어째서일까요? 앞에서도 계속 말했듯이 '물건과 정보에 특화된' 데 한계가 온 탓입니다. 거꾸로 말하면 '무엇이 강점인가?'를 알기 어려워졌는지도 모릅니다. 그러면 무엇이 잘못된 걸까요? 하나씩 생각해 봅시다.

약에 관한 지식이 풍부한 게 강점?

약사는 약에 관한 지식이 풍부하다고들 생각합니다. 하지만 방향성이 조금 다른 것 같습니다. 약에 관한 지식도 여러 가지가 있습니다. 약사가 자세히 알려고 노력한 것은 제품명, 일반적 명칭, 용법 용량, 부작용, 금기, 상호작용 등 일반적인 제품 지식입니다. 이것을 좀 더 깊게 파고들면 구조식과 대사경로, 약물 전달체 등 약물의 화학적인 지식으로 넓혀집니다.

이것은 아무리 잘 알아도 '인터넷으로 검색하면 알 수 있다'는 벽에 부딪힙니다. 예전에는 이러한 정보는 은밀한 곳에 숨겨져 있었고 한정된 사람만 접할 수 있었습니다. 하지만 인터넷의 발달로 이러한 정보를 누구나 손에 넣을 수 있게 되었습니다. 그 결과 굳이 약사한테 설명을 듣지 않아도 알 수 있는 상태가 되었습니다. 거꾸로 말하면 그 점은 이미 약사의 강점이라 하기 어려워졌습니다.

또 하나는 약물치료에 관한 지식이 풍부하다는 점입니다. 당뇨병 최신 치료와 고혈압 가이드라인, 항암제 치료요법regimen 등 약물이 어떻게 치료에 쓰이는지를 환자 입장에서 깊이 이해하면 새로운 전개가 펼쳐질 가능성이 있다고 느끼는 약사도 적지 않습니다. 복약지도를 하거나 약력을 충실히 채우기 위해서 의사의 처방 의도를 이해해 둘 필요는 분명 있습니다. 스스로 예상한 치료 방침과 의사의 처방 방침이 일치하면 마음속으로 브이 자를 그리고 싶어질 수도 있고 콧노래가 절로 나올지도 모릅니다.

하지만 말이지요. 죄송하지만 어딘가에서 찾을 수 있는 정보는 인터넷에서도 찾아낼 수 있습니다. 약사여야만 할 수 있는 건 아닙니다. 더구나 처방 의무는 의사에게 있고 진단은 의료행위의 한가운데에 있기 때문에 그런 일을 열심히 하다가는 법률 위반이 되기 십상입니다.

정확하면서 신속하게 조제하는 것이 강점?

저희 어머니는 1965년에 교토약학대학을 졸업하고 고베대학 의학부속병원에서 입원환자와 외래환자를 위해 약을 조제했다고 합니다. 그때는 100장짜리 약 포장지 다발을 쌓아 두고, 가루약을 막 자사발로 섞거나 정제를 반쪽으로 쪼개서 하나하나 터지지 않게 포장했는데, 그 일이 약사의 하루 업무 중 적잖은 부분을 차지했다고 합니다.

그에 비하면 지금은 기계화 덕분에 조제 업무가 비약적으로 간편해졌습니다. 약사의 전문성을 논할 때 약을 능숙하게 조제하는 전문가라는 점은 내세우기 어려워졌습니다.

복약지도가 능숙한 것이 강점?

약 사용법에 밝다는 점도 약 전문가의 한 측면일지 모릅니다. 다양한 대화 기술을 활용해서 쉽게 복약지도를 하는 일은 분명히 중요한 일상 업무입니다. 붐비기 쉬운 약국에서 한정된 시간 안에 최대한 많은 정보를 전달해야 하니까요.

최근에 나온 흡입약 같은 것은 제형과 장치가 다양하게 개발되어 처음 접하는 사람은 당황합니다. 그럴 때 가장 먼저 사용법을 습득해서 알려주는 일도 약사의 전문성을 보여주는 증거일 테지요. 인슐린도 그렇고 붙이는 약도 마찬가지입니다. 사용법을 잘 배워야 합니다.

그런데 말입니다. 이러한 정보도 인터넷을 잘 사용하면 어디선가 손에 들어옵니다. 스마트폰과 태블릿을 사용하면 아주 깨끗하고 부드러운 동영상으로 최고의 설명을 들을 수 있습니다. 약사가 약 전문가라고 해도 약 자체, 조제 방법, 복약지도의 질로 가치를 따지자면 인터넷 보급과 기계화의 진전 속에서는 상대적으로 뒤처진다고 생각합니다.

그 정보는 '마른안주' 아닌가?

저는 약사가 '마른안주' 같은 정보에 얽매여 있는 건 아닌가 생각합니다. 아무것도 더하지 않고 적당히 내놓는다는 느낌이 들지요. 잘나가는 술집에서는 마른안주가 아니라 주방장이 솜씨를 부린 요리가 나오지 않을까요? 약사도 마찬가지입니다. 말라빠진 정보를 열심히 긁어모아 봐야, 다른 데서도 손에 넣을 수 있는 것들입니다. 약사한테서만 얻을 수 있는, 약사의 지식과 기술이 더해진 '마르지 않은 정보'를 얼마만큼 제공할 수 있는가가 약 전문가인 약사의 지위를 명확하게 하지 않을까요?

'마르지 않은 정보'의 대표가 바이털 사인입니다. 혈압과 맥박, 호흡음과 심음, 장음, 발의 부종 등은 어느 것 하나 같은 게 없습니다. 그런 정보는 약의 영향을 받아 변합니다. 효과 평가와 부작용 유무를 판단할 수 있는 사람은 약사입니다. 그들 결과를 의사와 간호사, 환자와 그 가족에게 '마른안주'가 아닌 정보로 전달하면 약사의 전문성에 대한 평가는 크게 변할 것입니다.

약학생의 딜레마

몇 년 전부터 몇 군데 대학 약학부에서 강의를 담당하고 있습니다. 그런데 가끔 고민하는 학생들을 만납니다. 장래에 약사가 되어도 약학부에서 공부한 내용을 살려 나갈 장이 있을까 하는 고민이지요. 상당히 어려운 내용(대학 전문 교육이니 당연하지만)을 공부하는데도, 그만큼 고생해서 익힌 전문 지식을 장래 직장에서 과연 필요로 할까 하는 딜레마입니다. 그 계기 중 하나가 약국과 병원에서 실습하며 실제로 약사가 일하는 현장을 보고 그런 선배 이야기를 들을 때인 모양입니다.

약 이름 하나에도 자신이 없고 환자 대하기도 아직 어설픈 학생이다 보니, 현장에 가서는 당연히 열심히 성실하게 임할 테지요. 실무 실습을 하면서 약사의 강의와 지도 하나하나에 고개를 끄덕일 테고요. 하지만 두 달 반 실습을 하면서 일상 업무 사이클과 대략적인 내용을 학생 나름대로 이해할 수 있게 되면 문득 느끼게 될지도 모릅니다. '대학에서 공부한 내용이 별 도움이 되지 않아'라고요.

지도약사도 마찬가지입니다. 학생이 이러한 의문을 제기했을 때 "그렇지. 하지만 조제를 실수 없이 해야 하고, 처방 검토도 똑바로 해야 하고, 환자랑 대화도 잘 나눠야 하고……."라며 설명하는 자신에게 좀 위화감을 느끼는 모양입니다.

'약을 투여하기 전후'라는 경계선

저는 그런 상황을 조금 떨어진 곳에서 바라보는 입장인데, 어느 때인가 문득 '그건 당연한 거 아니야?'라고 생각했습니다. 약사가 현재 주로 관여하는 조제 업무 부분이 약학부에서 중점적으로 배운 전문 지식과 겹치지 않고, 그저 맞닿아 있을 뿐이라고 느꼈기 때문입니다.

〈그림 4〉처럼 약학부에서 가장 시간과 노력을 들여 가르치고 배우는 것은 역시 약리학, 약물동태학, 제제학이 아닐까 합니다. 이런 학문은 약을 투여한 후에 그 약제가 어떻게 흡수되고 퍼지며 대사되어 배설되는가를 생각해 구조식과 제형, 적정 투여량과 투여 간격을 추측하거나 결정하는 영역입니다.

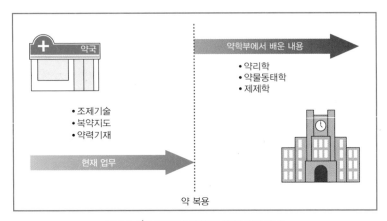

그림 4 대학 교육과 현장의 업무에 접점이 없다!

한편 병원과 약국을 불문하고, 특히 '조제약국' 업무에서는 처방전을 받아 든 후에 처방 검토, 의문 조회, 조제, 복약지도, 약력 기재라는 흐름을 얼마나 신속하고 정확하게 알기 쉽게 행하는가가 관건입니다. 약을 투여할 때까지 과정이지요. 학부에서 배운 내용과 현재 약사로서 활동하는 내용은 약 투여 전후라는 장면에서 교차하지 않는 것 같습니다.

대학에서 가장 시간과 공을 들여 배우는 내용이 전문성의 초석이 된다고 볼 때, 약사는 현재 업무 내용에서 자신의 전문성을 찾을 수 없고 의사도 대체 무엇을 부탁하고 어떤 팀을 짜야 좋을지 이해할 수 없는 게 당연합니다.

팀 의료의
멤버를 이해한다

3

팀 의료 추진

요즘 후생노동성에서도 팀 의료라는 키워드가 자주 나옵니다. 2010년 4월 30일에 나온 '의료 종사자의 협동/연대에 의한 팀 의료 추진에 대해'라는 후생노동성 의정국장 통지(의정발0430 제1호)는 그 대표적인 것 중 하나입니다.

팀 의료라는 말을 들어도 약사한테는 조금 낯설다고 할까요. 그림이 떠오르지 않을 테지요. 하지만 이 책에서 다룬 것처럼 약사가 '문어 항아리 속 문어'이고 바깥세상과의 접점이 처방전과 작은 창구였다면, 그리고 코치가 아니라 급수 지점 스태프 역할을 했다면 당연한 일일지도 모릅니다. 다른 직종과 접촉할 기회가 처방전과 의약품을 교환할 때 말고는 거의 없었으니까요.

지금은 시대가 변했습니다. 약사는 조제실에서 뛰쳐나와 환자 옆에서 일하게 되었습니다. 환자 옆이란 다시 말해 의료 현장입니다. 수준 높아진 의료와 돌봄이 한 덩어리가 되면서 의료 현장에는 여러 직종 사람이 함께 하게 되었고, 그들은 저마다 전문성을 발휘하여 환자와 이용자의 상태를 호전시키기 위해 노력을 거듭하고 있습니다. 처음 그런 곳에 갈 때 약사는 낯설어할 테지요. 약국 안에서 약사끼리 '문어 항아리 속 문어'처럼 활동해 왔다면 낯선 환경에 뛰어들었을 때 겉도는 느낌이 드는 건 당연한 일입니다.

그런데 환자 중 대부분이 약물치료를 받습니다. 또한 초고령사회에 돌입하여 환자가 의사의 지시를 실행하기 어려우니 적극적으로 치료하려고 노력하지 않게 되는 경향이 있습니다. 그뿐 아니라 체중 감소, 간·신기능 저하, 삼키는 능력이 떨어지는 환자 등이 급속히 늘고 있습니다. 이들 환자에게 약물을 투여할 때는 용량과 용법을 고려해야 합니다. 이런 점을 볼 때 약사가 팀 의료에 참여하는 일은 필연이며 지극히 중요합니다.

돌봄이 필요한 고령자의
재택 약물치료를 그려 본다

팀 의료 구성원이 각자 어떤 역할을 하는지도 앞으로 약사는 꼭 이해해야 합니다. 의사, 치과의사, 간호사, 물리치료사, 작업치료사, 언어치료사 같은 의료 종사자에 더해 케어매니저, 사회사업가, 헬퍼 등 개호 및 복지 종사자가 협동하여 환자를 돌보고 있습니다. 물론 이들 직종에 대해서는 여러분도 이해하실 거라 생각하지만, 여기서는 돌봄을 필요로 하는 고령자의 재택 약물치료라는 관점에서 각자의 역할과 일을 떠올려 보시기 바랍니다.

최종적인 그림을 그려 보면, 자택이나 개호 시설에서 지내는 환자가 약을 가장 이상적인 형태로 복용하는 모습입니다. 그러기 위해서는 우선 의사가 처방을 해야 합니다. 처방하려면 진단이 필요하므로 환자는 진료를 받습니다. 환자가 집에서 요양하더라도 보조인의 도움을 받아 통원할 수 있으면 외래로 진료를 받을 때도 있습니다. 그때는 가족이 함께 올 수도 있고 아닐 수도 있습니다. 차를 이용한다면 자가용이나 택시를 탈 것입니다. 가족 아닌 사람이 함께 올 때는 유료 헬퍼 서비스일 수도 있고, 돌봄 제공 유료 노인홈 같은 곳이라면 시설 직원이 다달이 제공하는 서비스 중 하나로서 동행할 때도 있습니다. 통원 수단은 환자 상태에 따라 자가용이나 택시, 개호택시(장애인 리프트 차량, 우리나라는 장애인 콜택시가 비슷)를 이용할 테지요. 개호택시는 운전사가 자동차 2종 면허와 함께 헬퍼 자격을 갖고 있습니다. ADL과 인지기능이 저하된 분의 진료에는 이런 분들의 도움이 필요합니다.

의료기관에서는 어떤 일을 하고 있을까?

의료기관에 가서 의사의 진찰을 받을 때는 간호사가 진료를 보조합니다. 필요에 따라서 혈액 검사와 방사선을 사용한 X-ray 검사와 CT 스캔 같은 걸 합니다. 심전도와 호흡기능 같은 생리기능 검사, 골밀도 측정 등도 합니다. 이런 검사에는 간호사뿐 아니라 임상검사기사와 진료방사선기사 같은 담당자가 있습니다. 돌봄이 필요한 고령자는 채혈과 X-ray 촬영을 할 때 도움과 배려가 필요하기 때문에 그 점도 신경을 씁니다.

진료와 검사가 모두 끝난 뒤 처방전을 받아야 한다면 대기실에서 기다리게 됩니다. 일반적으로 의료기관 대기실은 정도 차이가 있을 뿐 대체로 혼잡합니다. 그럴 때 우리 같으면 책을 읽거나 스마트폰을 만지작거리면서 시간을 보내겠지만 돌봄이 필요한 고령자는 그러기 힘들 수도 있습니다.

진찰·검사 때와 기다리는 시간 등 의료기관 안에서는 어느 정도 조용함이 요구됩니다. 그러나 돌봄이 필요한 고령자는 가만히 있기를 어려워하고 소리를 지르기도 합니다. 물론 환자 상태에 따라 일어나는 사태라는 걸 의료기관 종사자도 이해하지만, 때에 따라서는 대응이 조금 부드럽지 못할 수도 있습니다.

화장실 문제도

더욱이 화장실 문제도 있습니다. 배뇨와 배변 감각이 무뎌졌거나 거꾸로 신경인성방광이나 과활동방광처럼 빈번하게 화장실에 가고 싶어지면 손이 많이 가게 됩니다. 이러한 점을 배려해서 왕복하는 차 시간을 계산하거나 기저귀와 갈아입을 옷을 준비해 둘 필요가 있습니다. 화장실을 둘러싸고 벌어지는 일과 주위의 반응이 트라우마가 되어 환자 가족이 병원에 동행하기를 꺼리는 모습도 볼 수 있습니다.

원외 처방전이 일반화 된 요즘, 돌봄이 필요한 고령자가 보호자와 함께 약국에 처방전을 갖고 가는 일은 점점 늘 것입니다. 그런 경우에는 이러한 배경이 있다는 것도 염두에 두시길 바랍니다.

방문진료인 경우도 여러 사람이 지지해 준다

요즘 돌봄이 필요한 고령자를 방문하여 진료하는 일도 늘었습니다. 이때는 환자와 의료기관 사이에 방문진료를 위한 동의를 받아두어야 합니다.

'의사 진료를 받는 데 동의가 필요해?'라고 생각하실 수도 있으니 조금 설명하겠습니다. 보통 의료는 의료보험 계약 속에서 이루어집니다. 환자는 몸이 안 좋은 걸 느끼거나 검사 수치가 이상하다는 지적을 받고서 자기 의지로 의료기관을 찾아갑니다. 많은 의료기관 가운데 한 곳을 골라서 진료를 받는데, 문을 열고 스스로 그 의료기관에 들어가는 행위는 자신을 진찰·치료해 달라는 의사 표시입니다. 의사는 진료 요구에 응할 의무가 있기 때문에 자동적으로 진료 계약이 성립됩니다. 옛날부터 있던 왕진이라는 형태도 배가 아프거나 열이 나서 '상태가 안 좋지만 의료기관에 갈 수 없으므로 자택까지 진료하러 와 주세요'라는 환자나 가족의 청을 받고 진료 요구에 응할 의무가 있는 의사가 자택까지 가는 진료 계약입니다.

방문진료는 계획적으로 방문하여 진료하는 방법입니다. 환자가 스스로 의료기관에 가거나 의료기관에 연락해서 와 달라고 의사 표시를 명확히 하지 않았는데도, 의사가 계획적으로 방문해서 진료하는 방식입니다. 방문진료는 어떤 목적으로 어떤 진료 체제로 임할 것인지를 미리 정해 두지 않으면 의사가 멋대로 환자를 방문하여 진료하고 진료 수가를 청구할 수도 있습니다(물론 그런 짓은 하지 않지만). 어디까지나 방문 계획에 대해 사전에 환자의 동의를 받아 두어야만 하는 구조입니다.

자택에서 홀로 지내는 경우도 적지 않지만 보통은 배우자나 자식 세대 등 같이 사는 가족이 수발을 듭니다. 어떤 경우에든 케어매니저가 가서 관리를 합니다. 일상생활 돌봄에는 헬퍼가 들어가고 상태에 따라서는 방문간호나 방문재활치료가 들어갑니다. 나아가서는 사지·몸통의 경직과 관절구축* 예방을 위해 침구원·정골원의 방문 마사지가 들어가기도 합니다. 이들 모두 의사의 지시와 동의가 필요하며 요양보험 점수 안에서 가능한 것이면 케어매니저가 의사에게 지시서와 동의서 작성을 의뢰합니다.

뇌졸중 후유증과 인지증, 울혈성 심부전에 의한 전신성 폐용증후군** 등에서 외적 조작에 의한 재활과 마사지는 ADL의 유지와 저하 예방을 위해 효과가 있으리라 기대됩니다. 돌봄 시설에서 지내는 분은 일상생활을 헬퍼가 주로 도와주므로 환자 가족의 개입은 거의 없어졌습니다. 최근 유료 노인홈 등에서는 낮 시간을 중심으로 간호사가 배치되어 의료에 관한 일을 담당하고 있습니다.

약사가 조제한 약을 환자가 먹을 때까지

외래인 경우에는 처방전을 가족이 약국에 가져갑니다. 재택과

● 오랫동안 움직이지 않으면 골격근의 수축력 감소 등으로 관절구축의 증상이 생기는데 관절구축이란 정상적인 관절가동범위에 제한이 있는 것
●● 어떤 질환이나 장애로 과도하게 안정을 계속 취하거나 본래 지니고 있는 기능을 장시간 사용하지 않아 퇴행성 변화를 야기하여 전신의 각 기관·기능이 저하된 상태

돌봄 시설이라면 방문의가 처방전을 환자에게 교부하며 정보를 우선 약국에 팩스로 알리는 일이 있습니다. 약국에 처방전을 갖고 오면 그대로 약을 내주지만, 인지증과 ADL 상황에 따라서는 약 캘린더 같은 복약 지원이 필요할 때가 있습니다. 복약 자체는 일상생활을 돌보는 가족이나 헬퍼가 담당할 때가 많습니다.

의사의 방문진료가 있을 때는 약국에 환자나 가족이 찾아가기 어렵고, 많은 경우에 복약 지원을 위해 약사의 개입이 필요해집니다. 이때도 실제 복약은 헬퍼가 담당하고 간호사가 있는 시설에서는 대부분 간호사가 돕습니다. 그렇기에 복약 지원에 관한 정보와 복약 확인은 그런 시설 종사자와 연대해서 하게 됩니다.

약사의 자택 방문은 의료보험에서 '재택환자 방문 약제 관리 지도'에 해당합니다. 요양보험을 가진 경우에는 요양보험 우선 원칙에 따라서 '재택 요양 관리 지도'라는 짜임새가 됩니다. 양쪽 다 의사의 지시가 필요하고 재택 요양 관리 지도는 사전에 중요사항 설명서를 환자나 가족과 주고받을 필요가 있습니다. 약국에서 외래 조제만 담당한다면 익숙하지 않은 온갖 서류와 규정 때문에 혼란스러울 수도 있지만 일단 짜임을 이해하고 나면 그다지 복잡하지 않습니다. 요즘에는 관련 서적이 많이 나와 있습니다. 각 지역 약사회가 팸플릿이나 안내서를 배포하기도 하고 연수회도 개최합니다. 인터넷에도 여러 가지 정보가 실려 있으니 잘 활용해서 정보 수집과 지식 정리를 하면 좋을 테지요.

치과 구강 케어도 주의가 필요하다

돌봄이 필요한 고령자의 자택과 개호 시설에 치과의사와 치과위생사가 방문하여 치과진료도 합니다. 단순히 틀니 조정을 하거나 단순한 처치만 할 것 같지만 그렇지 않습니다. 뜻밖일지도 모르지만 삼킴과 복약이 관계하는 점에서는 구강 내 환경을 정비하는 일이 중요합니다. 치과와 약이 관련 없어 보일 수도 있지만, 환자를 돌볼 때 중요한 지점이 있습니다. 대표적인 것이 입마름口渴입니다. 입이 마르면 음식을 잘 삼킬 수 없습니다. 약을 처방하고 조제하여 환자에게 나르고 먹이려는 참에 끝내 삼키지 못하는 사태가 벌어지면 그때까지 행한 일련의 치료는 완수할 수 없습니다.

입마름을 부작용으로 하는 의약품은 향정신성약과 수면유도제, 항콜린제 등 다방면에 걸쳐서 약 700종류나 된다고 합니다. 또한 입이 마르면 미각이 변해서 식욕 저하로 이어지기도 합니다. 영양 상태가 악화되면 체중 감소와 알부민 저하를 불러일으키고 약 효과에도 영향을 줄 것으로 예상됩니다. 일반적으로 잘 알려지지 않은 영역이지만 치과와 연대는 여러모로 중요해졌습니다.

모두의 '성격이 겹치지 않는' 것이 중요

약사가 팀 의료 안에서 전문성을 발휘하고 약물치료의 적정화를 향해서 활동 범위를 넓혀 갑니다. 이것은 초고령사회에서 돌봄을 필요로 하는 고령자의 재택 약물치료를 위해 요구되는 일이기도 합니다.

팀을 짜기 위해서는 각 전문직이 전문성을 발휘해야 하고 혼자일 때보다 팀으로 움직일 때 상승효과를 예상할 수 있어야 합니다. 약사의 직무 능력과 약국의 직무 범위를 확대하고자 할 때, 그것이 다른 의료·돌봄 직종에서도 할 수 있는 일이라면 단순히 바꿔치기가 되어 버립니다. 현재 약물치료 분야에서는 다른 직종보다 약사가 할 때 높은 효과를 기대할 수 있는 영역이 많이 있습니다. 하지만 이러한 곳에서 활약하기 위해서는 다른 직종이 할 수 없는 접근 혹은 해낼 수 없는 제안이 나와야 합니다.

만약 그렇지 않은 형태로 활동 영역을 확대한다 해도 결과적으로 '성격이 겹치는' 일이 되고, 그다지 환영받지 못할 것이며 나중에 등장한 쪽은 아무래도 입지가 좁아집니다. 그렇게 되지 않기 위해서도 팀 의료 멤버가 대체 무엇을 하는 직종이고, 무엇을 강점으로 하는지 잘 알아 두기 바랍니다.

도구 활용 기술을
연마한다

4

약사의 전문성을 살리기 위해

팀 의료 안에서 살릴 수 있는 약사의 전문성과 강점은 무엇일까요? 몇 번 언급했듯이 물건과 정보라는 2차원적 방향만으로는 어림없습니다. 물류 시스템 혁명과 인터넷 등장에 의해 물건과 정보를 공급하는 전문성과 사회적 가치는 상대적으로 떨어졌습니다.

약사의 전문성은 약학부에서 가장 정성과 시간을 들여 가르치고 배운 데 있을 터입니다. 바로 약리·약물동태·제제입니다. 이는 약이 체내에 투여된 후 시간 경과에 따라 어떻게 흡수, 분포, 대사, 배설 과정을 거치는지 추측하기 위한 기초적 지식입니다. 이 지식은 하루아침에 익힐 수 없습니다. 약사가 약학부에서 일련의 약학 교육을 받고 다시 평생교육을 받았기에 비로소 이해하고 활용할 수 있는 게 아닐까 합니다.

τ를 읽을 수 없다

이렇게 생각하는 이유는 몇 년 전 '역시 의사한테도 약리 지식이 필요한 거 아닐까'라고 통감한 일이 있었기 때문입니다. 강연회가 있어서 교토 약학대학을 방문했을 때 점심시간에 잠깐 여유가 생겨서 대학 앞 서점에 들렀습니다. 약학 전문서 코너에 갔더니 일러스트를 많이 활용한 약리학 입문서가 있기에 망설임 없이 구입했습니다.

집에 돌아와 읽는데 제1장은 만화도 많고 내용도 쉬워서 술술 읽혔습니다. '아, 분포용적이란 게 이런 거였나.' 하는 느낌이었습니다. 약리를 본격적으로 공부하면 좀 더 약학적으로 통할 수 있는 처방전을 쓸 수 있겠다 생각하면서 제2장을 펼쳤는데 순간 전혀 알 수가 없었습니다. 물론 글자는 읽을 수 있지만 쓰여 있는 내용을 이해할 수 없었습니다. 그래도 억지로 읽는데 이번에는 'τ'라는 문자에 막혔습니다. 지식을 총동원해서 '그리스 문자 중 소문자 아닐까' 추측하는 게 고작이었습니다.

지금은 모르는 게 있으면 곧바로 스마트폰이든 컴퓨터든 인터넷 검색엔진으로 조사하는 게 보통입니다. 그때도 천천히 스마트폰을 꺼내어 검색 어플을 열었는데 다시 궁지에 몰렸습니다. 'τ'의 음을 모르는 것입니다. 읽을 줄 모르니 검색창에서 찾을 수 없습니다. 결국 그 책을 읽는 건 포기했습니다.

대학에서 공부한 걸 살릴 수 없다

약사 대상 연수회 같은 데서 약리와 약물동태, 제제 같은 지식을 구사한 주제를 다루면 모두 진지한 표정으로 몇 시간이고 듣습니다. 하지만 그 뒤에는 쓴웃음을 지으며 이렇게 말합니다.

"이런 공부, 국가시험 이후 ○년 동안 전혀 안 했어요."라고요.

베테랑 같으면 ○ 속에 10이나 20이 들어갈 테지요. 그런데 정말로 놀라운 사실은 대학에서 배운 지식을 일상 업무에 오랜 세월 동안 거의 쓰지 않고 살리지 않는다는 점입니다. 이것은 옳고 그름을 떠나서 현재 약사 세계가 병원과 약국을 불문하고 내포한 구조적 문제가 아닐까 합니다.

어떤 상황에서 이런 지식을 활용하는가도 중요하지만 먼저 이런 지식을 어떻게 다시 불러들이고(기억해 내고) 정리하여 자기 머릿속에서 활성화시킬지가 중요합니다. 그런데 지금은 그렇게 하기 좋은 시대가 되지 않았습니까?

인터넷이라는 무기

예를 들어 포도당 분해 과정이나 구연산회로 생체 내 생화학 반응 경로에 대해 조사하고 싶다 치지요. 예전에는 대학 시절에 교과서로 쓰던 전문서를 구입하지 않으면 그런 내용을 확인할 수 없었습니다. 책을 사러 직접 대학 서점에 가든지 전문서도 취급하는 대형 서점에 가야 했습니다.

지금은 다릅니다. 검색엔진에 포도당 분해 과정이나 구연산회로, 할 수만 있다면 'τ'라고 입력하면, 아마도 찾던 표와 그림, 그래프에 대한 설명을 글자 그대로 순식간에 손에 넣을 수 있습니다.

에빙 하우스의 망각곡선이라는 게 있습니다(그림 5). 지식을 머

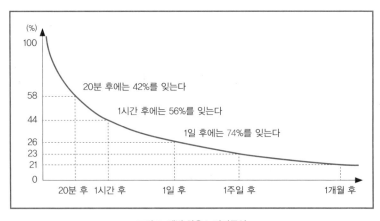

그림 5 에빙 하우스 망각곡선

릿속에 넣은 후 사람은 맹렬한 속도로 잊어버립니다. 하찮은 일이나 일상에서 사용하지 않는 지식은 잊어버리는 것이 보통입니다. 그렇지만 모든 것을 잊어버리지는 않습니다. 몇 번씩 반복해서 나오는 기본적 키워드, 전체 목차, 개략적인 이미지는 아마 졸업 후에도 머릿속에 남아 있지 않을까요? 키워드와 이미지가 있으면 어떤 말을 검색창에 넣어야 할지, 거기서 얻은 정보는 전체에서 어떤 의미를 갖는지 이해할 수 있지 않을까 생각합니다. 그런 의미로는 의료 종사자에게 고마운 시대가 왔다고 봅니다.

바이털 사인이라는 도구를 활용한다

약제가 투여된 후에 그것이 몸에 어떤 영향을 끼치는지 시계열●에 따라 이해하고 예측하는 행위는, 실은 약사에게만 가능합니다. 뒤에 말할 접근과 그에 기반하여 처방 제안을 포함한 치료 계획에 참가하는 건 '성격이 겹치지 않는' 분야입니다. 약사 이외의 전문가는 할 수 없는 일이지요.

바이털 사인은 의료 현장 공통 언어이고 그러한 의미에서 아주

● 어떤 현상의 시간적 변화를 관찰하여 얻은 값의 계열

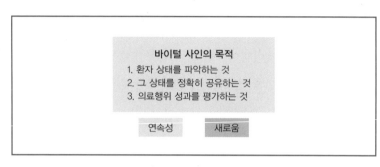

그림 6 바이털 사인 수집 목적

쓰기 쉬운 도구입니다. 그럼에도 약사가 바이털 사인을 수집하는 행위는 오해받기 쉬웠습니다. 2009년쯤부터 약사들에게 바이털 사인과 이학적 접근 이야기를 종종 했는데 좀처럼 의도가 전해지지 않았습니다. 그러한 경험을 거쳐, 현재 제가 생각하는 목적은 아주 단순합니다(그림 6).

첫 번째는 환자 상태를 파악하는 것입니다. 더구나 이 환자는 생판 모르는 사람이 아닙니다. 약사가 처방전 내용을 검토하여 문제가 없다고 판단한 다음, 조제하고 설명해서 투약한 환자입니다. 자신이 관여한 환자의 현재 상태를 파악하는 것은 의료 종사자로서 당연한 일입니다.

두 번째는 환자 상태를 다른 의료 종사자와 정확히 공유하는 일입니다. 이는 팀 의료를 추진할 때 빼놓을 수 없습니다.

세 번째는 팀 의료 성과를 평가하는 것입니다. 약물치료 성과 평가를 할 때는 의약품 효과가 제대로 나타났는가 하는 점만이 아니라 예상한 부작용이 나오지는 않았는가도 중요합니다.

병원 내에서도 약사가 필요에 따라 직접 바이털 사인을 수집할 수단이 필요합니다. 바이털 사인은 연속성과 새로움이 중요하기 때문입니다.

팀으로서 환자 치료에 임하는 감각은 SNS의 타임라인 상에 다양한 직종이 참가하는 감각과 닮았습니다. 각 직종이 저마다 바이털 사인을 수집하여 기록해 가는 것은 타임라인의 가장 새로운 곳에 바이털 사인이 더해지는 이미지입니다. 예를 들어 감염증 치료에서 환자 체온은 가장 예민한 치료 효과 판정 지표가 될 수 있습니다. 그 값을 누가 수집했는지는 중요하지 않고 언제 했는가가 중요합니다. 그 열쇠가 되는 값을 약사가 약학적 식견에 기초하여 효과 판정에 적합한 최단 시기에 수집해서 공유한다면 팀 멤버가 약사를 보는 눈은 아주 달라질 것입니다.

용어가 다르다

접근이나 결단을 할 때 약사다움이란 걸 어디서 나타내면 좋을까요? 약 효과가 잘 나오는지는 의사와 다른 의료 종사자나 환자 모두가 신경을 쓰고 대체로 파악하고 있습니다. 다만 부작용에 대해서는 주의를 소홀히 하는 경향이 있습니다. 왜 그럴까요?

여기에는 언어와 사고방식 문제가 담겨 있다고 생각합니다(그림 7). 의사와 간호사, 환자와 가족을 포함해서 약사 이외의 사람들은 의약품을 '해열제' '진통제' '구토약' '설사약' 등 효능과 효과를 나타내는 말로 표현합니다. 어떤 증상이 있으면 거기에 맞추어 어떤 약을 내준다는 사고방식입니다. 증상이 늘면 거기에 맞추어서 약을 더합니다. 약물치료 중인 환자가 "속이 메스꺼워……, 엑!" 하고 토하면 간호사와 환자 가족은 등을 문지르며 의사에게 "선생님, 약 주세요."라고 말합니다. 이때 말하는 약은 '구토약'일 것입니다. 의사는 환자 상태를 진찰한 다음 구토 방지약을 추가합니다.

현재는 그렇게 작성된 처방전이 들어오면 약사는 신속 정확하게 조제하여 복약지도와 함께 건넵니다. 물건과 정보라는 틀 속에 있는 것이지요. 하지만 그래서는 팀이라는 일체감이 들지 않습니다. 약사의 '성격이 돋보이는' 관여라고 할 수 없습니다.

어쩌면 약을 조제한 약사가 환자를 평가할 때, 토할 것 같다는 말을 들은 시점에서 '그 약의 부작용인가?'라고 생각할지도 모르고, 조제한 후를 시계열로 추적하면 가장 좋은 타이밍에 그 위험성을 알아채서 알려줄 수도 있습니다. 약사의 알림 덕분에 예상할 수 있는 부작용을 피하거나 경감시킬 수 있다면, 그것은 위험을 피하는

의사·간호사와 약사

| 효능 효과로 의약품을 본다 | 부작용이 머리에 떠오른다 |
| 약을 더한다 | 약을 줄일 수 있다 |

그림 7 의사·간호사와 약사는 약에 대한 언어, 사고방식이 다르다

행동 중 하나라고 볼 수 있습니다. 이처럼 바이털 사인은 의료 팀 안에서 자신의 '성격을 돋보이'게 하는 데 활용할 수도 있지만 애초에 약사 본래의 업무에 도움이 될 필수 도구라고 생각해야 합니다.

기술을 어떻게 갈고 닦을까?

약사다운 접근, 약사이기에 가능한 개입을 하려고 생각했을 때 필요한 도구는 몇 가지나 있습니다. 그중 약리·약물동태·제제학이라는 지식, 환자 상태를 파악하기 위한 바이털 사인 수집 기술과 지식은 대표적인 것이라고 생각합니다.

그러면 그런 도구는 어떻게 손에 넣어야 할까요? 이것을 생각한 2009년 당시에는 그러한 도구를 손에 넣거나 갈고 닦을 기회가 좀처럼 없었습니다. 대학의 평생교육 중에서 정기 세미나가 개최되어 대학 교수의 기초약학 강의를 몇 번 들은 적이 있습니다. 그런데 의사인 제가 듣고서 내용을 완전히 이해할 수 없는 건 그렇다 쳐도 약사의 일상 업무와 거리 있는 내용이 많았습니다. 또한 바이털 사인에 대해서도, 약사가 남의 몸을 만지는 것이 위법이라는 우려가 컸던 탓인지 그러한 연수회는 전혀 없었습니다.

하지만 저는 당시부터 약사가 이러한 사고방식과 도구를 손에 넣고, 의사와 협동하여 임상 현장에서 활동함으로써 의료의 질을 향상시킬 수 있다고 생각했습니다. 그래서 어떻게든 배울 기회를 만들고 싶었는데 좀처럼 찾을 수 없었습니다. 그런데 생각해 보니 바이털 사인 측정은 저도 가르칠 수 있는 것입니다. 우선 2009년 7월에 우리 회사 사원 연수로서 시작했습니다. 그 뒤 약사가 재택 의료 현장에서 실천해 보았습니다. 고혈압 치료제 처방을 변경했을 때처럼 변동이 생긴 경우, 환자 상태를 이해하고 파악하는 데 있어 여러 가지 장점이 발견되었습니다. 또한 환자 댁을 방문한 약사가 오연성 폐렴 징후를 발견하는 등 의료 제공 체제가 허술해지기 쉬운 재택 의료 현장에서 의료인다운 역할을 하게 되었습니다.

256

'이건 대단해'라고 생각해서 사내 연수 프로그램을 다시 짰습니다. 2009년 11월, 5시간짜리 '약사를 위한 바이털 사인 강습회'를 일반에 공개했는데, 놀랍게도 10명 정원이 꽉 찼습니다. 이러한 평생교육 활동을 영리법인 약국에서 개최한다는 것이 적절치 않다는 생각에 같은 해에 일반사단법인 '재택요양지원약국연구회'를 설립했습니다.

그 뒤 이 활동은 점점 범위를 넓혀서 수강생 중에서 지도자와 관리자를 양성하는 구조를 만들었고 수강생도 점점 많아졌습니다. 시대 흐름도 한몫을 했는지 약국뿐 아니라 병원 약사도 많이 수강하게 되어 2012년 7월에는 일반사단법인 '일본재택약학회'라고 개칭하여 활동 폭을 더욱 넓혔습니다. 이 바이털 사인 강습회는 2014년 6월 현재 2238명이 수강한 인기 강좌가 되었습니다.

동시에 약사를 대상으로 약리와 약물동태 등 임상에서 필요한 약학적 지식을 기본으로 한 세미나를 다수 개최하고 있습니다. 개중에는 호평을 얻어 시리즈화한 것도 있습니다. 여기서 얻은 지식 덕분에 일상 업무에 도움이 된다는 목소리도 많이 들려왔습니다. 현재는 회원 수도 1200명을 넘어 더욱 활발한 활동을 하고 있으며 각지의 약사회와 대학에서도 이 영역 연수회가 다수 개최되고 있습니다.

환자의
수수께끼를 푼다

5

약사 3.0

이전에 표준으로 여겼던 의약품 소매를 주로 하던 약국을 제1세대라고 생각하면, 처방전 대응에 특화된 약국이 제2세대에 해당하고, 초고령사회의 지역 의료를 떠받치기 위해 외래 처방전뿐 아니라 재택 약물치료 지원과 초기 치료primary care, 셀프 메디케이션이란 부분으로도 활동의 장을 넓히는 약국을 제3세대 약국, 약국 3.0이라고 제창한 것이 2006년이었습니다.

약국 체인화가 진행되어 상장기업까지 나온 업계에서 개인약국으로서는 의료기관에 가까운 땅을 발견해 개점하는 일이 상당히 어려워진 시기였습니다. 한편 돌봄이 필요한 고령자의 재택 요양을 지원하거나, 일반의약품과 보충제를 취급하는 약국이라면 입지에 의존하지 않고도 해나갈 수 있지 않을까 생각한 것이 계기입니다.

생각을 발전시키는 동안 약국의 존재 방식이 변하면 약사의 존재 방식도 변해야 한다는 걸 깨달았습니다. 일반의약품 판매를 주로 한 소매업 약국과 처방전 조제가 대부분인 의료 제공 시설에서 요구하는 약사의 직무 능력은 크게 다릅니다. 그야말로 세대가 바뀌었다고 해도 좋을 만큼 다릅니다.

환자의 건강과 질병에 관한 상담을 받고 그에 알맞은 일반의약품이 기능성 식품을 판매하던 약사를, 제1세대라는 점에서 약사 1.0이라 하였습니다. 처방전 조제에 특화하여 처방 검토, 의문 조회, 조제, 복약지도, 약력 관리를 하며 현재 약국을 떠받치는 약사는 제2세대, 약사 2.0이라고 이름 붙였습니다. 어느 세대 약사든 일본 지역 의료 자원으로서 중요한 역할을 해 왔습니다. 특히 1974년 이후 급속하게 진전된 의약분업 제도를 떠받치기 위해 약사 2.0은 극히 중요한 역할을 드러냈습니다. 리스크 매니지먼트와 환자 커뮤니케이션 진화 등에 더해 흔히 말하는 의료 약학 지식을 확충하였고 이를 통해 의료에 있어 존재감을 크게 바꿀 계기가 되었습니다.

하지만 약사는 '처방전을 검토하여 조제하며, 설명하고 건네준 뒤 일련의 행위를 약력에 기록하는' 작업의 질적 향상에 노력해 온 것은 아닌가 싶은 측면도 있습니다. 그래서 환자가 질병 치유와 통증에서의 해방이라는 골을 향해 가는 동안 의료 종사자로서 적절한 개입을 할 수 있었는가 아닌가는, 약사 자신과 다른 사람들 모두 알기 어려웠던 게 아닐까요?

약사 2.0은 처방전 검토로 시작해 약력 기록으로 끝나는 관여 방법을 으뜸으로 쳐 왔습니다. 초고령사회에 돌입하여 돌봄이 필요한 고령자가 재택에서 약물치료를 받는 시대가 도래한 일본에서 이제 약사 2.0으로는 불충분하다는 생각을 하게 되었다고 봅니다. 약국도, 처방전 조제를 주 업무로 하는 '조제약국'(약국 2.0)에서 외래 처방전을 받을 뿐 아니라 재택 요양 지원, 초기 치료 등 요구에 맞는 역할에 맞추어 모습을 바꾸어 갈 필요가 있습니다. 6년제 약학 교육 모델·핵심 교육 과정 속에서는 커뮤니티 약국이라는 개념이 나옵니다. 지역(에 뿌리 내린) 약국이라고 할까요. 약국 2.0에서 2.1과 2.2로 버전을 올리는 것과는 다릅니다. 형태가 전혀 다른 새로운 약국, 즉 약국 3.0으로 변화할 것을 요구받고 있습니다. 그렇다면 거기서 활약할 약사도 2.0에서 3.0으로 변화해야만 합니다.

재택에 가고 혈압을 재는 약사가 3.0인가?

이런 흐름 속에서 가끔 보이는 것이 "그러면 재택 의료를 하러 가면 되겠네요." "혈압을 측정할 수 있게 됐으니 일단 안심이에요." "저희 약국에는 재택이고 바이털이고 없으니 이대로는 안 되겠군요."라는 오해입니다.

애초에 'OO만 하면 괜찮다'거나 'OO가 없으면 안 된다'는 말은 상당히 엉성한 판단 기준이고 그렇게 나온 판단 중 다수는 옳지 않다고 생각합니다. 그런데 요즘 약사에게 재택 의료와 바이털 사인이 갖는 위치는 이러한 뉘앙스가 강해진 듯합니다.

약사에게 중요한 점은 약물치료의 질을 향상시키는 일입니다. 직접 조제해서 건넨 약제를 사용한 환자가 어떤 상태인지 약학적으로 검토하고 이전 처방이 타당했는지를 약학적 전문성에 기초하여 평가합니다. 그리고 자신이 내린 결단을 의료팀 전체에 전하는 것이죠(그림 8). 약사도 의료 전체의 PDCA 사이클 속에 깊이 파고드는 것이 중요합니다.

기관지 확장제가 처방된 경우 신속하고 정확한 조제와 알기 쉬운 복약지도에 그치지 않고, 효과가 발현될 것으로 예상되는 최단 시기에 기관지 확장이 예정대로 되었는지를 확인해야 합니다. 동시에 예상된 부작용의 유무를 확인해 두는 것도 중요합니다. 이것 또한 시간 경과 개념을 염두에 두어야 하고, 사용 개시 후 시간에 따라서 조심해야 할 부작용 역시 약사가 아니면 알아채기 어려울 거라고 생각합니다.

또한 예상되는 효과를 얻지 못했거나 부작용이 나타나면 왜 그런 일이 벌어졌는지를 흡수·분포·대사·배설 사이클을 그리면서

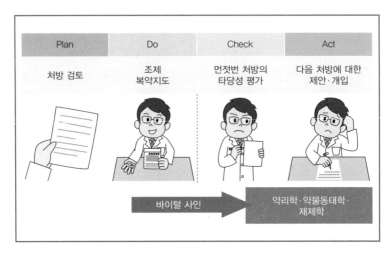

그림 8 약제학의 PDCA 사이클

약학적으로 분석해야 합니다. 그 결과는 의사를 비롯한 의료 팀 멤버에게 전하고 다음 처방 내용에 반영할 수 있도록 제안할 필요가 있습니다. 이것은 약사가 다음 버전으로, 즉 약사 3.0으로 변하고 있다는 걸 실감할 수 있는 일 아닐까요?

약사 3.0은 약사로서는 당연한 본래 모습이자 존재 형태임에도 지금까지는 현실적으로 이루어지지 않았던 것뿐이라고 말할 수 있습니다. 거기에는 '약사는 남의 몸을 만져서는 안 된다'는 도시 전설이 널리 침투한 일도 영향을 끼쳤을지 모릅니다.

바이털 사인을 약사가 수집하는 일은 어떤 의미로는 그 경계선을 넘어서기 위한 도구와 개념을 손에 넣는 것이라고 생각합니다.

더욱 중요한 점은 얻은 결과를 약학적 전문성에 기초하여 읽어 내는 일입니다. 이것이 대학에서 배운 지식을 살릴 수 있는 영역, 즉 약제가 체내에 투여된 다음 어떻게 될지를 배운 약사만이 할 수 있는 판단을 의료 팀 멤버에게 제시함으로써 약사의 '성격이 돋보이는' 영역이라고 생각합니다.

수수께기 풀이 능력

그러면 약사 3.0의 근원적 요소는 무엇일까요? 저는 몸이 안 좋아 고생하는 환자에게 '몸이 안 좋은 이유는……'이라고 설명해 줄 수 있는 것이라고 생각합니다. 이것을 저는 '수수께끼 풀이' 능력이라고 말합니다. 상대는 지나가던 사람이 아니라 처방전과 처방 오더에 기초하여 약사가 직접 조제한 약제를 복용하는 환자입니다.

'수수께끼 풀이' 능력

이 '수수께끼 풀이' 능력은 의사에게도 있습니다. 이론적 배경은 약학부에서 가장 시간과 공을 들여서 가르치고, 국가시험에서도 그 지식을 습득했는지 아닌지 점검하는 해부·생리, 병리·병태 지식입니다(그림 9). 해부학은 몸의 구조, 생리학은 몸의 얼개, 병리학은 병의 얼개, 병태학은 병의 증상이 나타나는 메커니즘이라고 할 수 있습니다. 이러한 지식을 쌓는 동안에 의사는 의사다운 '수수께끼 풀이' 능력을 키우고, 최종적으로 병 이름을 결정하는 진단으로 이어집니다. 진단은 법률적으로도 의사에게만 허락된 절대적 의료행위 중 하나인데, 그것은 의학 교육의 특이성에 기초한 의사로서의 전문성 표출이라고 생각합니다.

그러면 약사의 '수수께끼 풀이' 능력 근저에 있는 것은 무엇일까요? 그렇습니다. 약학부에서 가장 시간과 공을 들여 가르치는 약리학, 약물동태학, 제제학 같은 지식입니다(그림 10). 현재 의료의 많은 부분을 점하고 있는 약물치료에서 약리는 약제의 작용 메커니즘, 약물동태는 체내에 약제가 투여된 후의 움직임, 그리고 제제학은 약제를 효과적·효율적으로 체내에 투여하기 위한 제형에 관한 학문입니다. 이런 지식이 최종적으로는 약사가 환자의 증상에 대해 내리는 '약학적 판단'이라고 할 '수수께끼 풀이'로 이어집니다.

복통 환자가 있을 때 의사는 문진, 촉진, 청진 등을 하여 환자 상태를 추측합니다. 그 근저에 있는 것은 복부의 장기 위치와 각 장

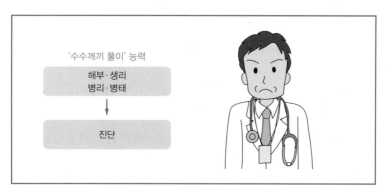

그림 9 의사의 수수께끼 풀이 능력

그림 10 약사의 수수께끼 풀이 능력

기의 정상 상태, 그리고 일어날 수 있는 질병의 메커니즘과 그에 따라 일어나는 증상에 대한 지식입니다. 방사선과 CT 스캔 같은 영상 검사와, 심전도와 폐기능 검사 같은 생리 기능 검사는, 그러한 지식에 기초해 머릿속에서 세운 가설이 옳은지 아닌지를 확인하는 측면이 강합니다. 남성의 복통은 주로 소화관에 원인이 있지만 여성의 복통은 해부학적으로 생식기계까지 고려해야만 하는, 그런 느낌이지요.

그러면 약사는 어떻게 생각할까요? '당신의 배가 아픈 원인은……' 하고 수수께끼 풀이를 하겠지요. 예를 들어 복용하는 약제가 위 연동운동을 항진시키는 일이 있고, 통증의 성상과 복용에서 증상 발현까지 걸리는 시간을 고려할 때, 통증은 약제의 영향일 가능성이 크다라는 식으로 판단할 수 있습니다.

약사가 임상적인 능력을 익힐 때는 조심해야 할 함정이 있습니다. 바이털 사인을 활용할 줄 알고 의학적 지식이 충실해짐에 따라 병명 진단과 치료방침 결정으로 목적이 바뀌어 버리는 것입니다. 그것은 약사의 전문성(즉 약학부에서 중점적으로 배운 지식)을 살리지 못할 뿐 아니라 의료행위인 진단과 처방을 침범하는 꼴이 되어 법적으로 문제가 발생합니다. 약사가 바이털 사인을 배우는 것이 법률 위반이 아닐까 하는 오래된 불안은 어떤 의미에서 지극히 올바른 것이고 미니 닥터가 되어 버리는 것 아니냐는 우려도 옳다고 생각합니다. 중요한 점은 약학적 전문성에 기초하여 환자 상태를 이해하는 '수수께끼 풀이' 능력을 익히는 일. 이것이 약사 3.0의 본질적인 능력이라고 생각합니다.

'수수께끼 풀이'가 가능하면
시야가 넓어져 세계가 변한다

약사는 약학적 전문성에 기초한 '수수께끼 풀이'(약학적 판단)를 하게 되고, 그것은 의학적 전문성에 기초한 의사의 '수수께끼 풀이'(진단)와는 다릅니다. 그렇게 생각하면 환자에 대한 관여 방식도 언뜻 의사와 비슷해 보이지만 다른 것이 됩니다. 나아가 지금까지 일해 온 방식도 크게 달라집니다.

예전에는 우선 의사가 진단과 처방을 하고 처방전을 건넵니다. 그 처방전(처방 오더)은 약사에게 전달되고, 약사는 처방 검토로 시작되는 일련의 조제 행위를 합니다(그림 11). 이 과정의 효율성과 안전성을 높이는 것이 약국 2.0의 일, 물건과 정보라는 좌표 평면에서 활동의 장을 확대했다고 볼 수 있습니다.

그런데 약사가 '약학적 판단'을 내릴 수 있게 된다면 이들 상황은 크게 바뀝니다. 초진 환자를 빼면 환자는 지난 번에 의사가 처방하고 약사가 조제한 약제를 복용한 사람입니다. 약사는 약학을 바탕으로 하여 그 환자 상태에 대한 '수수께끼 풀이'를 합니다. 여기에는 이학적 검사도 포함됩니다. 이것은 지난 번 처방의 타당성을 검토하는 일이며 자연히 처방 제안으로 이어집니다(그림 12).

'먼젓번 처방의 타당성이 높고 이번에 같은 처방을 해도 괜찮다'

그림 11 기존의 흐름

는 판단도 처방 제안 중 하나입니다. 환자로서는 병이 회복되고 있다거나 혹은 안정되었다는 말이 됩니다. 만약 효과 발현이 불충분하거나 부작용이 발현되었다면 약사는 약학적 전문성에 기초하여 의사에게 처방 제안을 합니다. 이때 약학에 기초한다는 점이 중요합니다. 무슨 말인가 하면 '저는 ○○병이 아니라 ××병이라고 생각하므로⋯⋯'나 '○○이므로, 저라면 이렇게 처방하겠습니다만⋯⋯'처럼 해서는 안 됩니다.

그렇게 하면 명백하게 진단과 처방이라는 의료행위 범주를 침범하는 법적 문제, 약학부에서 배운 가장 중요한 점을 살리지 못한다는 전문성 문제, 나아가서는 '성격이 겹치는' 팀의 균형 문제 등 각

그림 12 약사의 수수께끼 풀이 능력을 살린 흐름

종 문제가 단번에 불거집니다.

약학적 전문성에 기초한 수수께끼 풀이를 할 수 있으면 의사의 염두에는 없던 처방 제안을 할 수 있고, 그 제안은 의사로서도 참고가 됩니다. 당연히 의사가 받아들이기 쉽고, 그만큼 약사의 처방 제안은 훨씬 쉽게 통할 것입니다. 또한 약사의 자기만족에 그치는 것이 아니라 환자와 의사로서도 보다 좋은 약물치료를 향해 일보 전진하는 아주 큰 의미를 갖게 됩니다.

이렇게 생각하면 약사의 위치는 크게 바뀝니다. 애초에 의사가 처방하고 약사가 조제하는 관계가 바뀌지 않으면 약학 교육이 6년제가 되든 기존과는 다른 약사를 배출하든 현재 구조 내에서의 문제점들을 극복할 수 없습니다.

약사가 자신이 조제한 약제의 효과를 확인하는 일에 착수하고 일에 필요한 전문성은 약학 그 자체에 있다는 사실을 재인식한다면 의사와 약사의 관계는 크게 변할 것입니다. 요즘 공동 약물치료 관리라는 개념도 퍼지고 있는데 의사와 약사의 관계 변화가 있어야 비로소 장점을 살릴 수 있지 않을까 합니다.

다제병용 회피, 의약품 피해 근절과 약학

애초에 의약 분업은 다제병용 회피와 의약품 피해 근절을 목적으로 했습니다. 의료기관이 약품 가격 차익을 얻는 구조가 되면 처방 수를 늘려서 잉여를 챙길 거라는 우려도 있었을 겁니다. 의무건강보험 제도는 세계에 뽐낼 수 있는 훌륭한 제도이지만 환자의 자기부담이 극히 적다는 이점이 다제병용에 박차를 가한 일면이 있습니다. 보통 10개나 15개씩 물건을 사려면 돈이 들기에 소비자는 제동을 걸겠지만 의료에서는 제동이 걸리지 않고 받을 수 있는 건 받자는 생각을 하게 되었을지도 모릅니다.

또한 약품에 의한 피해는 약제 자체가 문제라기보다는 사용법에 문제가 있다고 생각했기에 의사는 진단과 처방에 약사는 조제에

각자 전문성을 특화시켜야 한다고 판단했고, 그러자면 수가도 진료 수가와 조제 수가로 분리해야 했습니다. 1974년에 의약 분업으로 크게 방향을 튼 원인은 바로 이 전문성 특화 아니었던가요? 그리고 0.1퍼센트 미만이던 의약 분업률이 65퍼센트를 넘어섰습니다. 40년 새에 700배 가까이 상승했지요. '조제약국' 시장이 큰 폭으로 성장하는 가운데 약사의 존재는 크게 바뀌어 버린 듯합니다.

약사 1.0은 임상적인 약학 교육을 받은 것이 아니고 서양의학 지식에 대해서는 계통적으로 배울 기회도 적었을지 모릅니다. 그래도 자기가 판매한 의약품이 효과를 냈는지 아닌지는 물건을 판 자로서 책임 있게 검토하고 순조롭지 않은 경우에 제시할 다음 수를 분명히 갖추고 있었습니다. 그러다가 처방전 조제를 주 업무로 하는 약사 2.0으로 바뀌어 인슐린과 오피오이드, 항암제 등의 새로운 약을 많이 취급하게 되었고 의료약학적 지식도 충실히 쌓아 의료 현장 속에 깊이 발을 들여놓게 되었습니다. 그런데 자신이 조제한 약이 잘 듣는지, 부작용이 생기지는 않았는지 확인하는, 약을 건넨 뒤의 책임을 오히려 지지 않고 왔다고 말할 수 있습니다.

지금은 약학 교육이 6년제로 바뀌고 초고령사회가 도래하는 등 외적 요인이 많습니다. 이런 환경 속에서 약사 3.0의 모습은 옛날 약사들이 그랬던 것처럼 '투약한 약에 책임을 지는' 직무 능력을 발휘한다는 뜻을 갖는지도 모릅니다. 의사와 약사의 관계가 바뀌고 의사와 약사의 생각이 반영된 처방전이 환자에게 교부되어 약사가 받아든다면 약물치료의 질은 쑥쑥 향상되지 않을까요? 즉 의사의 처방전에 약학이 더해지는 것입니다.

거꾸로 말하면 지금 일본의 의료 속에 '조제'는 들어가 있지만 '약학'이 빠져 있는 게 아닐까 합니다. 거의 의식을 못 하고 있지만 이것은 아주 무서운 일이고 국민 전체에게도 중대한 문제입니다. '약학'이야말로 다제병용을 피하고 의약품 피해 근절하기 위해 꼭 필요한 지식과 기술을 가져다줄 수 있습니다. 이런 사실을 약사 자신이 납득하면 약사의 시야도 변하고 일본의 의료 또한 크게 변하지 않을까요?

캐즘Chasm*을
넘어선다

6

패러다임 전환

이 책에서 기술한 사고방식대로라면 약국과 약사의 모습은 크게 바뀌어야 할지도 모릅니다. 많은 사람이 당황스러워할 테지요? 현재 의료의 모습은 약사뿐 아니라 모든 의료 종사자와 행정, 국민 전체가 잘되길 바라는 마음에서 해 온 결과입니다. 그렇기에 현 상황은 절대적으로 옳다고 생각합니다. 의사가 된 지 십수 년. 저도 지금 하는 활동을 포함해, 이 나라의 의료와 환자가 잘되기를 바라며 해 왔습니다. 그렇기에 현재의 의료 상태에는 아주 조금이지만 공헌도 했고 책임도 있습니다.

● 신기술이 처음 개발된 후 대중적으로 보급되기까지 수요가 정체되는 현상. 원래 지질학 용어로 크게 단절된 구간을 의미

결코 현 상황을 비판하는 것이 아니고 '잘되라고 생각해서 해 온, 말하자면 모범사례가 현 상황이지만, 역시 완벽하지는 않네요.'라는 것이 가장 가까운 감각입니다. 저 자신과 여러분이 느끼는 당황, 그 뒤를 따르는 기대는 '패러다임 전환'이라고 생각합니다.

패러다임 전환은 '당연한 일이라고 생각하던 인식과 사상, 사회 전체의 가치관이 변하고, 그 변화는 어떤 의미로 혁명적이고 극적이다.'라고 합니다. 패러다임 전환의 전형적인 예는 천동설에서 지동설로 사고방식이 바뀐 것입니다. 저쪽(하늘)이 움직인다고 생각했는데 이쪽(지면)이 움직이고 있었지요.

망원경이 발명되어 천체의 움직임을 관측할 수 있게 되자 다른 별과는 다른 움직임을 보이는 별이 있었습니다. 지구와 마찬가지로 태양 주위를 공전하는 수성과 목성, 금성 등입니다. 이들을 일본어에서는 '혹성'이라고 표현하는데 규칙적으로 움직이는 별들 속에서 앞으로 나아가거나 뒤로 돌아가며 방황하는 것처럼 보이기 때문에 혹성이라고 표현하게 되었다 합니다. 거꾸로 생각하면 그 움직임을 천동설로는 설명할 수 없는 별이 있다는 사실을 안 것이지요.

이렇게 기존 이론으로 설명할 수 없는 현상을 어떻게 생각해야할지 고민이 될 때, 현재 이론이 정말로 옳은지 백지 상태로 돌려놓고 생각할 필요도 있습니다. 애초에 하늘과 땅의 관계는, 천지창조 이야기를 비롯해 신화와 종교의 바탕이 되는 이론과 깊이 연결되어 있었습니다. 그런 상황에서 천동설을 뒤집다니 상식적으로는 생각할 수 없었을 테지요. 더구나 성가신 일은 대부분의 천체 움직임, 예를 들어 12성좌 이야기와 은하수 이야기 등은 모두 천동설로 설명할 수 있었습니다. 그런데 움직이는 것은 지면(지구)이 아닐까 하는 가설을 세우고 이론을 구축하여 현재 지동설이 수립되었고, 지금은 12성좌의 감성적인 이야기와 과학에 근거한 태양계 이야기는 구별하여 인식하게 되었습니다. 천동설에서 지동설로 바뀐 것처럼 사물의 근저를 뒤집는 변화가 오랜 인류 역사 속에서 생각하면 눈 깜짝할 사이에 일어났습니다. 이것이 패러다임 전환입니다.

약사의 패러다임 전환

이에 비추어 생각하면, 약사는 의사의 처방전을 가지고 정확하고 신속하게 조제……하는 직종이라던 생각이 바뀝니다. 이 책에서 이야기해 온 약사의 '수수께끼 풀이'는 약을 건네준 뒤에도 상황을 점검하고 환자 상태 변화에 대해 의사와는 다른 '약사만의' 평가를 구사하여 차선책을 강구하는 것입니다. 이 개념은 갑자기 받아들이기 어려울지도 모릅니다.

이유는 천동설로 12성좌의 움직임을 설명할 수 있었던 것과 같습니다. 약사는 처방전을 기점으로 하고 약력 관리를 종점으로 하는 직선적 일을, 약국이나 약제부라는 한정된 공간에서 신속하고 정확하게 행했습니다. 외래와 입원 의료에서 약사가 치료 계획에 주체적으로 참여하는 일 없이 의사와 간호사 중심으로 짜여진 의료 시스템 안에서 일본은 세계 최고 장수 국가로 변하였습니다.

더욱이 약국은 새로운 사업 모델이 구축되기도 했고 각종 정책 유도에 힘입어서 단숨에 '조제약국' 시장이 확대되었습니다. 그 속에서 약사 개인의 대우와 수입은 물론이고 기업 경영도 아주 잘되었습니다. 상장기업만 그런 게 아닙니다. 저희 약국은 어머니가 1점포에서 시작하여 갈팡질팡하는 사이에 4점포까지 확대되었습니다. 의료뿐 아니라 하루하루 행동과 일에 대해서 최종적으로 채산이 맞는 것은 아주 중요합니다. 업계 전체의 활성화도 경사스런 일입니다. 주변 산업 사람들도 열심히 응원해 줍니다.

또한 조제 과오 회피와 복약지도 등 약사가 환자를 위해 더 나은 역할을 하려고 궁리하는 분야도 많았습니다. 이것은 훌륭한 일이며 장기에 걸쳐 약사가 쌓아 올린 공적으로서 앞으로 계속 일본 의료에 좋은 영향을 끼칠 것이라 생각합니다. 그러나 지금 그것만으로는 잘할 수 없는 점이 생겼습니다. 천동설에서 지동설로 바뀐 이야기를 예로 들자면 망원경 발명에 따라 혹성 발견에 이른 지점입니다.

고령화가 진행되는 나라에서, 의료비가 치솟는 것을 억제해야 한다는 명제 속에서, 의료 현장이 집과 개호 시설로 옮겨온 것 아닌 가요? 지금까지 병원에서 장기 요양하던 환자가 의료 의존도는 그 대로인 채, 의료기관과 의료 제공 체제가 다른 장소로 옮깁니다. 외래 통원을 하던 환자가 인지증이나 정형외과적 질환 때문에 통원할 수 없게 되었다 해도 의료를 필요로 한다는 점에 변함은 없습니다. 즉 고도 성장기에 설계되고 베이비붐 세대가 젊어서 생산성을 높이던 시기의 의료 제공 체제로는 초고령사회 의료를 떠받칠 수 없으며, 남은 약 문제와 고독사·고립사* 등 각종 문제가 눈앞에 드러나고 있는 것 아닌가 합니다.

이러한 문제는 혹성 발견과 비슷합니다. 오늘도 입원과 외래에서는 기존대로 의사와 간호사를 중심으로 한 의료가 전개되고 있으며 그 의료 수준은 세계적으로 보아도 높습니다. 더욱이 의무건강보험 제도가 정비된 일본에서는 이러한 고품질 의료를 지금도 적은 자기부담으로 받을 수 있습니다. 천동설로도 12성좌의 움직임을 설명할 수 있는 것과 닮았습니다.

한편으로 돌봄이 필요한 고령자가 재택 약물치료를 받거나 암이

---

* 고독사와 고립사는 혼자 죽는다는 점에서는 같지만, 고립사는 사회적 교류가 전혀 없는 상태에서 죽음을 뜻한다.

든 아니든 상관없이 의료기관이 아닌 곳에서 임종을 맞도록 추진할 때 생기는 문제가 여기저기서 나타납니다. 의사와 간호사를 중심으로 하고 약사는 처방전을 매개로 하여 이어질 뿐인 기존 체계로는 구할 수 없는 환자, 구할 수 없는 생명이 나오고 있지 않을까요? 물론 천동설로도 어떻게든 혹성의 움직임을 설명하려고 했듯이 기존 의료를 그대로 둔 채 이들 문제를 해결하려는 시도는 어떤 의미에서는 상식적이라고도 할 수 있습니다. 하지만 천동설을 의심했듯이 지역 의료 제공 체제가 지금 이대로 좋은 것인가 의심해 볼 필요가 있습니다.

그중 하나가 약 처방과 조제를 통한 약물치료입니다. 의사가 모든 것을 결정하는 구조에서 벗어나 의사와 약사가 협동하여 약물치료를 하는 구조로 패러다임을 전환하는 것입니다. 처음에는 위화감이 있을 테고 위험한 일도 생길 거라 생각합니다. 하지만 기존 방식대로는 잘되지 않는 점이 있고 상식적인 접근법으로 업무 개선을 해도 근본적 해결은 되지 않습니다. 이러한 예측이 가능한 지금, 어떤 의미로는 비상식적이며 기존과는 비연속적인 사고방식으로 전환할 필요가 있습니다. 그것은 패러다임 전환 그 자체가 아닐까 합니다.

278

사회적 움직임을 일으킨다

약사와 지역 의료 속에서 패러다임을 전환한다는 개념은 몇 년 동안 제 안에서 명확해졌습니다. 여러 곳에 가서 강연을 하고 집필을 하면서 '문전약국'이라는 말의 뜻을 파헤쳐 보기도 하고 약사 업무를 100m 단거리 선수에 비유해 보기도 하면서, 약사에게 이 개념을 전해 왔습니다. 몇 번이나 말씀드렸듯이 조제한 약의 그 뒤 작용을 보는 것이 가장 중요한 점입니다. 약사가 그것을 보면 머릿속에서 자연스레 무언가 번뜩일 것입니다. 그 번뜩임을 부디 의사와 간호사에게 전해 주기 바랍니다. 그렇게 하면 팀 의료에 '약학'이 더해져 일본 의료의 질은 훨씬 좋아질 거라는 이야기를 거듭했습니다.

이 사고방식과 개념을 3.0이라는 키워드로 바꾸어 알기 쉽게 설명해 온 것입니다. 그런데 이 개념을 전했을 때 보이는 반응은 가지각색입니다. 연단에서 강연장을 둘러보면 도중부터 눈을 크게 뜨고 앞으로 몸을 쑥 내민 채 집어삼킬 듯이 저를 쳐다보는 사람도 있고 팔짱을 낀 채 미간에 주름을 잡는 사람도 있습니다. 거의 흥미 없다는 분위기를 풍기는 사람도 있습니다. 처음에는 그곳 분위기와 저의 전달 방식에 관계가 있다고 생각했습니다. 하지만 《이노베이션의 보급》●(에버렛 로저스 지음, 쇼에이샤 펴냄)이라는 책을 읽고 나서 어떤 의미로는 당연한 반응이라고 생각하게 되었습니다. 더욱

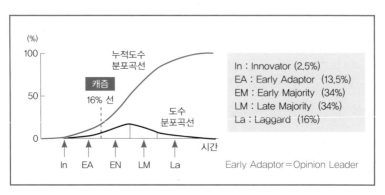

그림 13 혁신 이론

이 어떻게 하면 이 사고방식을 넓혀서 사회적 움직임으로 이어갈 수 있을지를 그럭저럭 그릴 수 있었습니다.

로저스에 따르면, 어떤 사고방식과 콘셉트를 만났을 때 사람들이 보이는 반응은 정규 분포한다고 합니다. 예를 들어, 약사가 혈압을 잰다는 생각을 접했을 때, 순식간에 '!!'인 사람부터 '??'인 사람까지, 넓은 범위로 분포한다는 것입니다(그림 13).

그리고 왼쪽 끝에 있는 전체의 2.5퍼센트 사람이 '선각자Innovator'입니다. 이들은 마니아 같은 측면도 있지만 자기 직감을 믿는다고 할까요? 직감적으로 '바로 그거야!'라고 이해하는 부류입니다. 새로

● 원제는 《Diffusion of Innovation》이며 한국에서는 《개혁의 확산》(커뮤니케이션북스)이라는 제목으로 출간되었다.

280

운 개념을 접했을 때 우선 반응하고 움직이는 것은 이 2.5퍼센트라고 합니다.

그다음에 움직이는 것이 전체의 13.5퍼센트에 해당하는 '선각수용자Early Adaptor'입니다. 선각자는 '우발적 좌절이 용인되는', 즉 실패를 두려워하지 않는 사람들인데, 선각자의 도전을 보면서 그것을 채용해도 좋은지 아닌지 흥미를 갖고 조금 떨어져서 바라보는 사람들이 선각수용자입니다. 약사의 바이털 사인 강습회를 예로 들면 선각자는 멀리서 열리는 강습회라도 기꺼이 출석하지만 선각수용자는 거기에 따라가지 않습니다. 그러나 동네에서 개최된다면 참가해 보려고 하지요.

이 선각수용자의 움직임은 아주 중요합니다. 새로운 개념이 시장 전체에 채용될지 아닐지를 이들이 보여줍니다. 이 두 집단을 합하면 16퍼센트가 됩니다. 시장 전체의 16퍼센트가 새로운 생각을 채용하면 다음 34퍼센트인 '전기다수Early Majority'가 움직입니다. 이때 사회가 움직이는 것이지요. 전기다수는 좋게 말해서 유행에 민감하고 나쁘게 말하면 휩쓸리기 쉬운 사람들입니다. 전체의 3분의 1을 점하는 수이기 때문에 이를 계기로 혁신을 향해 큰 움직임이 생깁니다.

앞서 말한 16퍼센트까지 도달하지 않으면 새로운 생각은 세상에 퍼지지 못하고 폐기되어 잊힙니다. 이 16퍼센트를 '캐즘'이라고 합

Innovator : Cosmopolite	복잡한 기술적 지식을 이해하고 활용하는 능력 고도의 불확실성에 대처할 수 있는 능력 모험을 좋아하고·대담·우발적 좌절 수용
Early Adaptor : Localite	**사람들이 Innovation 채용을 할 때 검토하는 개인** 동료의 존경·아이디어 체현 불확실성 감소·Innovation 승인
캐즘	
Early Majority : 사회의 1/3	새로운 것을 시험하는 최초의 인간이 되지 말라. 그리고 낡 은 것을 버리는 마지막 인간이 되지 말라

그림 14 캐즘을 넘는다

니다(그림 14). 캐즘을 넘어설 수 있는지 아닌지가 혁신이 실현될지 아닐지를 정하는 경계선이 됩니다(《캐즘 하이테크를 브레이크 시키는 '초' 마케팅 이론》(제프리 무어 지음, 쇼에이샤 펴냄)•.

전기다수가 움직이면 '모두 그렇게 하니까'라면서 후반의 34퍼센트를 점하는 후기다수가 움직입니다. 그리고 전체의 80퍼센트 이상이 그 사고방식을 수용한 다음에 드디어 '어쩔 수 없네'라며 움직이는 16퍼센트를 지각수용자Laggard라고 부릅니다.

이것은 좋고 나쁨을 나타내지 않습니다. 빠른 것이 좋은 것도 늦은 것이 나쁜 것도 아닙니다. 인생에 얽힌 여러 분야에서 사람은 저마다 빠르기도 하고 늦기도 합니다. 저는 비교적 새로운 것을 좋아

• 한국판은 《제프리 무어의 캐즘 마케팅》(세종서적, 2015)

해서 전기 제품이나 컴퓨터 용품이 나오면 우선 써 봅니다. 그렇기에 실패한 적도 많고 돈도 낭비하지만 이것은 이를테면 선각자가 갖는 '우발적 좌절의 용인'이라고 생각합니다. 한편, 저도 금방 달려들지 않는 영역이 있습니다. 대표적인 것이 주유소의 셀프 주유였습니다. 여태까지 점원이 넣어 주던 휘발유를 직접 넣는 것은 어떤 의미에서 패러다임 전환이라고 생각하는데 저는 후기다수에 가까울 정도였습니다.

약사가 새로운 직무 능력을 발휘한다는 개념에 어떻게 반응할지는 휘발유를 직접 넣을지 말지 고민하는 것과 수준이 다릅니다. 하지만 이것은 좋고 나쁨이 아니라 사고방식의 차이입니다. 성급히 행동했다가 실망할 것이 아니라 사회의 움직임이 캐즘을 넘어설 만한 시간을 기다리는 일도 중요하지 않을까 생각합니다.

약사가 바이털 사인을 수집한다는 혁신

그렇지만 역시 제가 옳다고 생각하는 패러다임 전환이 혁신이 되어 세상에 퍼져 나가기를 바라는 마음도 사실입니다. 약사가 환자 상태를 평가하고 약물치료 PDCA 사이클에서 약학적 전문성을 살려 중요한 역할을 해내는 것이 의료 속에서 아주 중요하다고 의

표 2 혁신의 지각 특성

상대적 우위성	기존과 비교해서 우위성을 느끼는가?	↑
양립 가능성	기존 가치관 및 체험과 양립 가능한가?	↑
복잡성	혁신을 이해하고 사용하는 게 어려운가?	↓
시행 가능성	혁신이 소규모여도 경험할 수 있는가?	↑
관찰 가능성	혁신의 결과를 타인이 볼 수 있는가?	↑

이런 특성이 혁신 보급 속도에 영향을 준다

사로서 확신합니다. 그러한 제가 용기를 얻는 사고방식이 있습니다. 로저스는 혁신의 지각知覺 특성으로 다섯 가지 항목을 들었습니다(표 2). 약사의 바이털 사인 수집 중에서 혈압 측정을 예로 이 다섯 가지 항목을 생각해 볼 수 있습니다.

우선 혈압은 '잴 수 없거나 재지 않을 때'보다는 재었을 때 더 좋은 약학적 평가를 할 수 있습니다(상대적 우위성↑). 혈압을 측정하는 행위와 그에 이은 복약지도와 처방 제안은 '의약품 적정 사용·의료 안전 확보'라는 약사가 해야 할 역할과 모순되지 않습니다(양립 가능성↑). 더욱이 약사가 자신이 조제한 약 효과와 부작용을 확인하고, 약학적으로 '수수께끼 풀이'를 해서 환자와 의사에게 전하는 것은 이해하기 쉽고 일상 업무에서도 얼마든지 도전해 볼 수 있는 일입니다(복잡성↓). 어쨌든 이 이야기를 이해해 줄 것 같은 의사나 좋은 관계를 쌓은 환자에게 우선 실천해 볼 수 있고(시행 가능성↑), 혈압을 측정하는 행위 자체는 밖에서 보아 아주 알기 쉬운 변화입니다(관찰 가능성↑). 이렇게 보면 약사 2.0에서 3.0으로 전환하는 혁신의 보급 속도는 꽤 빨라지지 않을까 하는 생각이 듭니다.

일본재택약학회의 활동

앞장에서 말한 일본재택약학회에서 하는 활동을 보면 이 혁신이론을 실감할 때가 있습니다. 바이털 사인 강습회와 매년 한 번 여는 학술대회에 참가하는 분들의 층이 명백하게 선각자에서 전기다수까지 퍼져 있습니다. 지금까지 참가하지 않았을 것 같은 사람이 선각자(학회에서 역동적으로 활동하는 사람)에게 이끌려 온 것이라고 생각합니다.

현재 일본에는 병원에 5만 명, 약국에 15만 명 약사가 있습니다. 합계 20만 명의 임상 약사가 자기가 내준 약에 책임진다는 인식을 갖게 되려면 캐즘을 넘어야 합니다. 20만 명 중 16퍼센트면 3만 2000명입니다.

일본에서 약사의 패러다임 전환과 혁신에 대한 정리는 아마 이 책이 처음이라고 생각하는데, 만약 그만한 부수가 팔린다면(약사 눈에 띄어 구입이라는 행동에 이른다면) 그때는 분명히 전기다수가 움직여 캐즘을 넘지 않을까요? 그리고 혁신이 세간에서 인지되는 날이 왔다고 할 수 있지 않을까요? 여러 의미로 그날을 기대합니다.

일본의 장래

외과의로서 일상 진료에 몰두하고 일에서 보람을 느끼며 장래에도 이 일을 하려고 생각하던 제가 지금과 같은 활동에 이른 데는 여러 이유가 있습니다. 이제는 이유를 떠올릴 수 없을 정도이지만 일본 의료를 어떻게든 하고 싶다는 생각을 하고 활동을 해 온 결과가 오늘로 이어졌습니다. 그런 가운데 최근 2~3년, 기회 있을 때마다 생각하는 일이 있습니다. 일본은 앞으로 어떻게 번영해 나갈까 하는 것입니다. 제가 40대에 들어서서 인생의 반환점이 가까워진 점, 다음 세대는 어떻게 될까 생각하게 된 일과 관계가 있을지 모릅니다. 국토가 좁고 인구도 줄어가고 지하자원도 거의 없는 이 나라가 다음 세대, 그다음 세대에도 세계에서 중요한 역할을 하며 공헌하려면 어떻게 해야 할까 생각합니다.

아마도 계속해서 Made in Japan의 나라로 있기는 어려워졌습니다. 치솟는 인건비는 여러 서비스업에서 일본인을 떼어 놓고 있는지도 모릅니다. 지금도 심야와 이른 아침 편의점에서는 아시아계

아르바이트 점원이 계산하는 모습을 드물지 않게 볼 수 있습니다.

국토가 좁고 고령화가 세계에서 가장 먼저 진행된다는 특성은 새로운 의료 모델 구축이라는 면에서 크게 유리할 거라 생각합니다. 초고령사회에 돌입한 일본에서 어떠한 의료 제공 체제를 만들고 어떤 의료 서비스를 하게 될지, 일본 뒤를 쫓아 고령화 사회로 달려가는 서구 및 아시아 나라들도 흥미 깊게 지켜보고 있습니다. 실제로 중국·대만·한국 등에서는 일본의 꼼꼼한 돌봄 서비스에 대한 수요가 높아질 것으로 예측하고 있으며 선행 사례도 몇 가지 나오고 있습니다.

저는 몇 년 일본 지역 의료 시스템 속에서 약국과 약사라는 의료 자원의 존재 방식을 생각해 왔습니다. 선진 여러 나라는 모두 약국과 약사라는 자원을 가졌으며 저마다 특색과 장점이 있는 의료 제공 체제를 갖고 있습니다. 그런데 초고령사회에서 어떠한 의료·돌봄 연대, 팀 의료 추진이 필요한지는 구체적인 문제에 직면해야 비로소 알 수 있습니다. 일본의 그것은 세계에서도 선진적인 사례가 되리라 생각합니다.

단거리선수에서 코치로 바뀌는 약사의 패러다임 전환은 공동약물치료관리 방식을 이끌어 낼 테고, 이는 분명히 세계적인 가치를 갖게 될 거라 생각합니다.

처음에 일본이 전후 세계를 석권한 것은 전기 제품과 자동차였

습니다. 해외여행에서, 해외 뉴스 영상에서, 해외 텔레비전 드라마
나 영화에서도 일본제 차와 전기 제품을 볼 수 있었습니다. 그런 제
품의 공동 키워드는 고품질 저가격이 아니었을까요?

그러면 일본의 의료는 어떨까요? 세계 최고 장수를 달성하는 한
편, 의료비가 높다고는 하지만 GDP 대비 8.6퍼센트로 OECD 여러
나라의 평균 이하입니다. 일본은 섬나라라는 점도 생각하면, 갈라
파고스 휴대전화*는 아니지만 특이하게 진화한 갈라파고스 의료
가 발달하였습니다. 그런 결과도 선진 여러 나라에서 보면 벤치마
킹하기 쉽지 않을까요?

국제 경쟁력을 갖춘 업무 지원과 교육 지원

일본의 의료는 전자화가 진행되고 있습니다. 유비쿼터스 사회
도래로 PHR Personal Health Record과 EHR Electronic Health Record의 바탕
이 정비되었습니다. 마이넘버**제도도 의료에 적용하는 흐름을

● 국제 표준 사양과 달리 일본 독자적으로 발달한 휴대전화 기기. 생물이 독자적으로 진화
한 갈라파고스 제도를 빗댄 말
●● 공통 번호: 사회 보장·납세자 관리 등에서 특정 개인을 식별하기 위해 국민 개개인에
게 할당한 번호

타고 있습니다. 조만간에 어디서든지 환자의 정보를 열람하고 지시하여 기록하는 기반은 정비될 테지요.

나아가 그런 정보를 어떻게 활용할 것인가 생각할 때 기존과 크게 다른 지역 의료 체제를 만드는 일이 중요하다고 생각합니다. 정보 시스템만으로는 경쟁력도 약하고 혁신을 본격화하기도 어렵습니다. 거기에 아날로그형 방식과 의료인의 역할 변혁이 더해지면 일본 고유의 지역 의료 모델을 만들 수 있을 거라고 생각합니다.

그 심장이 되는 것은 약사의 존재 방식입니다. 약국과 약사가 노력 중인 변혁과 약사의 혁신은 세계적으로 보아도 세련된 도전입니다. 이들 새로운 약사, 약사 3.0을 양성하기 위해서는 새로운 교육 시스템이 필요합니다. 약학 교육 6년제를 비롯해 공익사단법인 약사인정제도, 인증 기구에 의한 약사 평생교육의 제3자 인증제도 등 일본의 약학·약사 평생교육은 그야말로 격변하고 있으며 약국과 약사의 혁신을 위해 모든 기호가 일치되어 온 듯합니다.

우리가 도전하려는 의료 협업을 통한 지역 의료 혁신은 장래에 큰 물결이 될지도 모른다는 기대를 합니다. 부디 약사 자신이 자기 마음의 스위치를 켜고 행동에 나서기를 바랍니다.

"약사란, 약을 올바르게 조제하고 설명과 함께 건넬 '뿐'인 사람인가?"

그런 생각을 한 지 12년이 지난 지금, 그때 느낀 답답함은 거의 없어졌습니다. 도중에 여러 가지로 변동은 있었지만, 현재 제가 그리는 약사의 바람직한 모습은 '환자에게 건넨 약에 책임을 진다'는 지극히 당연한 지점으로 귀착되었습니다. 약에 책임을 진다는 말은 내준 약이 효능 효과를 발휘하고 부작용이 발현하지 않으며 환자가 안고 있는 신체적·정신적 문제와 고통을 해결·경감하고 있는지 점검하고, 만약 순조롭지 않다면 차선책을 마련하는, 즉 PDCA 사이클을 도는 일입니다. 그리고 그 이론의 근저에는 자연과학계 속에서도 약학부에서만 배울 수 있는 약사 전문성의 기초가 되는 약리학, 약물동태학, 제제학이라는 지식이 널리 깔려 있다는 점이 중요합니다.

약을 건넬 때, 의료용 의약품이라면 의사 처방에 기초하고 일반 의약품과 의약부외품 등이라면 약사가 스스로 판단합니다. 보험 조제라면 환자한테 일부 부담금을 받고 그렇지 않으면 전액을 환자가 부담한다는 차이는 있지만, 기본적으로 약을 건네는 행위는 환자가 안고 있는 문제를 해결할 때까지 제대로 지켜보는 일이라고 생각합니다.

이 책에서는 사람들과 나눈 대화를 통해 얻은 생각을 표현했습니다. 개인적으로는 꽤 시원해졌는데, 답답함이 완전히 가시려면 약사가 현장에서 실천하여 제 생각과 가설이 정말로 현장에 맞는지, 의미 있는지를 검증해 주셔야 합니다. 이 책을 읽고 지금 마음속에 생겨난 무언가를 부디 내일 행동으로 옮겨 주신다면 더없이 기쁘겠습니다.

책의 내용은 많은 약사와 의료업계 여러분과 교류가 있었기에 비로소 정리할 수 있었습니다. 일반사단법인 약사의걸음회, 일반사단법인 일본재택약학회 활동을 하면서 알게 된 많은 약사와의 교류를 빼놓을 수 없습니다. 특히 일반사단법인 일본재택약학회에서 약사를 위한 바이털 사인 강습회 전도자로서 활약하는 '선각자약사' 여러분에게는 용기와 배려를 많이 받았습니다. 동시에 여러 학회, 약사회, 제약회사 주최 강연회 등에서 강연할 기회를 주신 여러분과 강연장에 찾아와 이야기를 들어 주신 약사 여러분의 반응도 저에게는 커다란 배움이 되었습니다. 고맙습니다.

그리고 파메디코 주식회사 하자마약국 약사와 파트너, 직원 여러분은 제가 떠올린 아이디어에 휘말려 때로는 혼란스러워하면서도 죽을힘을 다해 동참하였습니다. 그분들의 분투와 피나는 노력이 없었다면 제 생각에 확신을 가질 수 없었습니다. 지난 10년 동안 풋내기라 부족한 점 투성이였지만 사원 모두가 뒷받침을 해 주어 그럭저럭 해 왔습니다. 결코 최선이라 할 수 없는 결단을 몇 번이나 했고 그 결과 연을 끊은 사원도 많았지만 이 책을 끝까지 정리할 수 있었던 것은 여러분 덕분입니다. 현재 그리고 역대 사원들에게 다시 한 번 고마움을 전합니다.

개인적인 일이지만 현재의 초석을 만들어 주신 어머니에게도 깊은 감사를 드립니다. 어머니는 1976년에 '약 상담 하자마약국'을 창업하였습니다. 덕분에 제1세대 약국에서 제2세대 약국으로 변하는 모습을 볼 수 있었습니다. 어머니는 당사 회장으로 있으면서 최근 2~3년은 2009년 가을에 설립한 일반사단법인 일본재택약학회 운영에 심혈을 기울이고 있습니다. 2014년 6월에 재택요양지원인 정약사제도가 공익 사단법인 약사인정제도 인증기구의 인증을 받을 수 있었던 것도 어머니 덕분입니다. 어머니가 약사로서 과거에서 현재에 이르는 체험을 통해 미래로 이어 가고자 하는 활동들은 많은 약사에게도 영향을 끼치고 있는 듯합니다. 앞으로도 건강하시고 계속해서 활동을 부탁드립니다. 덧붙여 항상 저를 지지해 주는 가족에게도 고마운 마음뿐입니다. 최근 3년 정도 연간 100회 이상 전국에서 강연을 했습니다. 제 생각을 기회 있을 때마다 이야기하고 사회운동으로 이어갈 수 있으면 좋겠다는 바람을 담아 활동했는데 가족의 이해와 협력이 없었다면 불가능했습니다. 고맙습니다. 앞으로도 힘내겠습니다.

또한 이번 집필을 제안하고 정리해 주신 주식회사 지호 출판국의 끈기 있는 지원이 없었다면 이 책은 나오지 못했습니다. 멋진 기회와 경험을 주신 일, 집필 기간이 길어졌음에도 부드럽게 지켜봐 주신 점에 깊은 감사를 드립니다.

마지막으로 이 책을 사서 끝까지 읽어 주신 독자 여러분께도 마음 깊이 감사드립니다. "약국과 약사가 변하면 지역 의료는 바뀐다."는 생각을 받아들여 주신다면 부디 여러분 한 분 한 분도 자신의 경험과 생각을 기반으로 하여 주위 사람들에게 발신해 주시기 바랍니다. 언젠가 어디선가, 여러분과 만나 이 책의 감상도 직접 들을 수 있기를 기대합니다. 고맙습니다.

하자마 겐지

하나.

요즘은 어딜 가나 노인과 청년을 위한 정책뿐입니다. 중년은 설 곳이 없다며 투덜거리면서도 생각하게 됩니다. '그만큼 노인이 많고 청년이 적구나!'라고요. 언제부턴가 건강보험에는 장기요양보험이라는 것이 따라붙었습니다. 이것도 역시 인구 변화 때문에 생긴 제도이지요. 그러고 보면 주변에 데이케어센터도 많이 늘었더군요.

고령화라는 말이 정착되었나 싶더니 이제는 초고령화입니다. 아시다시피 한국은 현재 고령사회입니다. 인구 추계에 따르면 2030년에는 한국 인구 중 65세 이상이 24.5퍼센트를 차지하게 됩니다. 일본보다 조금 늦기는 하지만, 착실하게 뒤를 따라 초고령사회로 나아가고 있는 거죠.

이 책을 읽으면서 한국 사회의 미래를 보는 듯한 착각이 들었습니다. 초고령화사회, 의료비 급증, 돌봄 체계 정비 등은 더 이상 남의 나라 일이 아닙니다.

둘.

어릴 적 병원에 가면 가루약을 종이에 세모 모양으로 싸 주었습니다. 의약 분업 후에는 처방전을 들고 약국으로 가지요. 이 책에서 말하는 약국의 세대 변천 이야기가 한국과 너무나 똑같다는 생각을 했습니다. 그렇다면 우리도 약국 3.0과 약사 3.0을 같이 고민해야 할 때가 아닌가 싶더군요.

초고령사회 진입까지 앞으로 11년. 무엇을 준비해야 할지 막막할 수도 있지만, 이렇듯 앞서 겪는 나라가 있다는 게 우리로서는 다행이다 싶기도 합니다. 컨닝할 수 있으니까요.

셋.

한국에서도 베이비붐 세대가 큰 축을 이루어 왔습니다. 그 세대가 고령자가 되는 때가 2030년이란 시기와 맞아떨어집니다. 그때 우리 사회는 어떤 모습일지 잠시 생각해 봅니다.

의료적 관점으로 바라볼 만한 지식은 없습니다. 그저 막연한 생각을 떠올릴 뿐이지요. 그래도 한 가지만은 확실합니다. 늙어도 마지막까지 존엄하게 살다가 존엄한 죽음을 맞을 수 있는 세상이면 좋겠습니다.

윤수정

약국이 바뀌면
지역 의료가 변한다

초판 1쇄 인쇄 | 2019년 2월 21일
초판 1쇄 발행 | 2019년 2월 28일

지은이 하자마 겐지
옮긴이 윤수정
감수 나현오·김신애
책임편집 조성우
편집 손성실
마케팅 이동준
디자인 권월화
용지 월드페이퍼
제작 성광인쇄(주)
펴낸곳 생각비행
등록일 2010년 3월 29일 | 등록번호 제2010-000092호
주소 서울시 마포구 월드컵북로 132, 402호
전화 02) 3141-0485
팩스 02) 3141-0486
이메일 ideas0419@hanmail.net
블로그 www.ideas0419.com

ⓒ 생각비행, 2019
ISBN 979-11-89576-20-2 03320